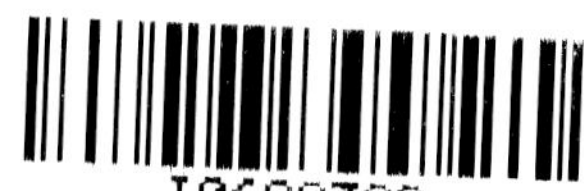

I0698388

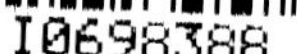

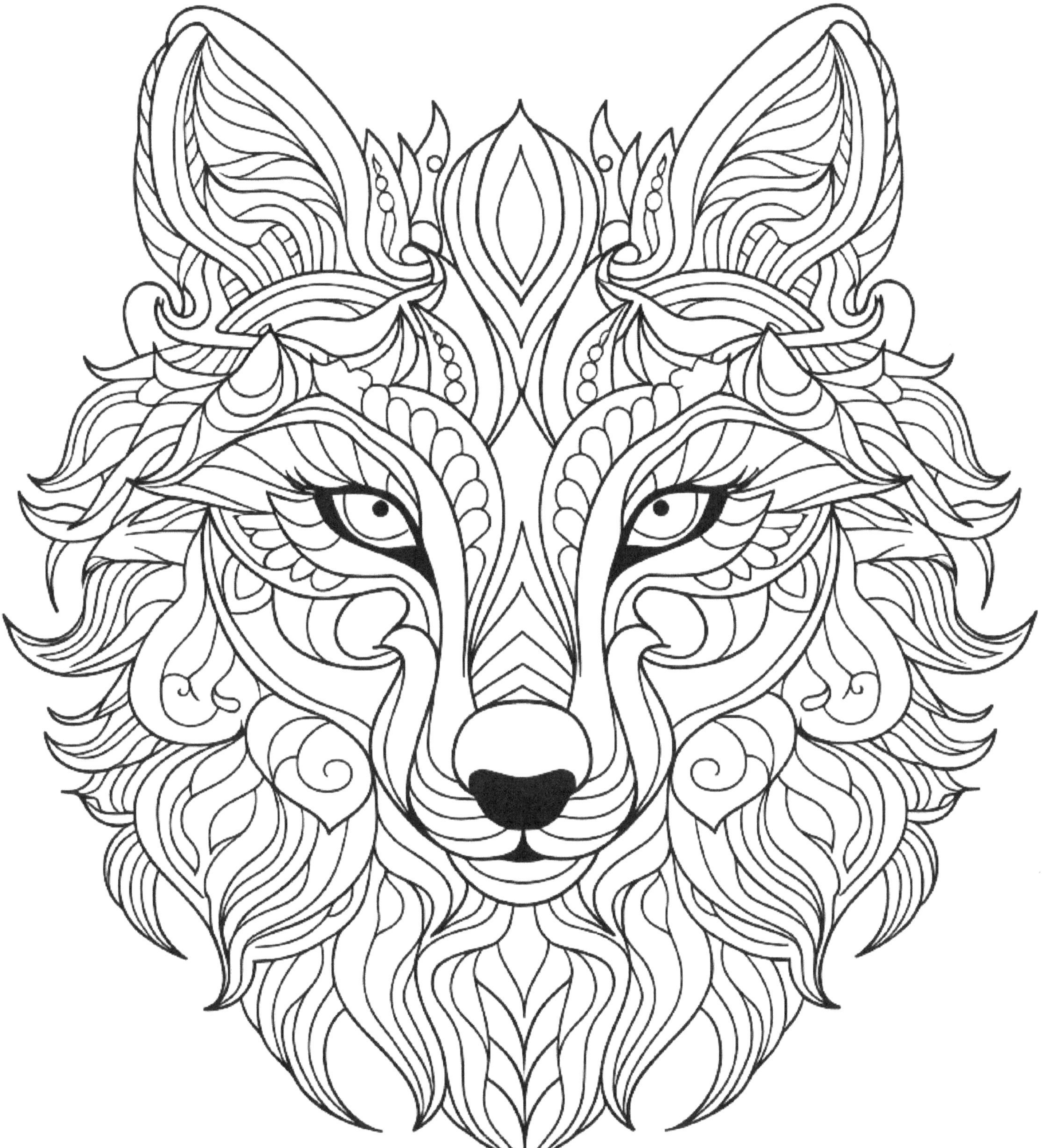

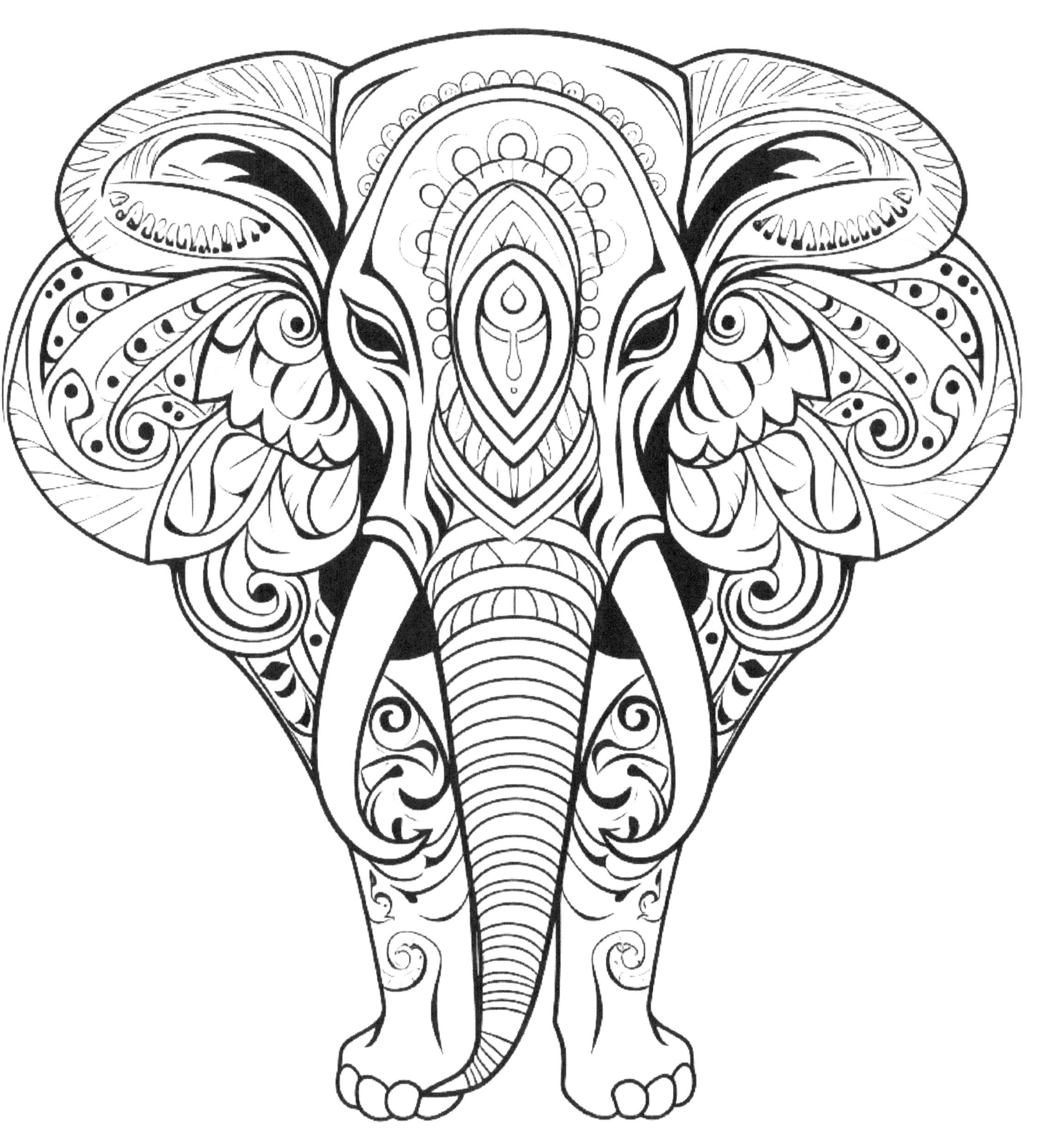

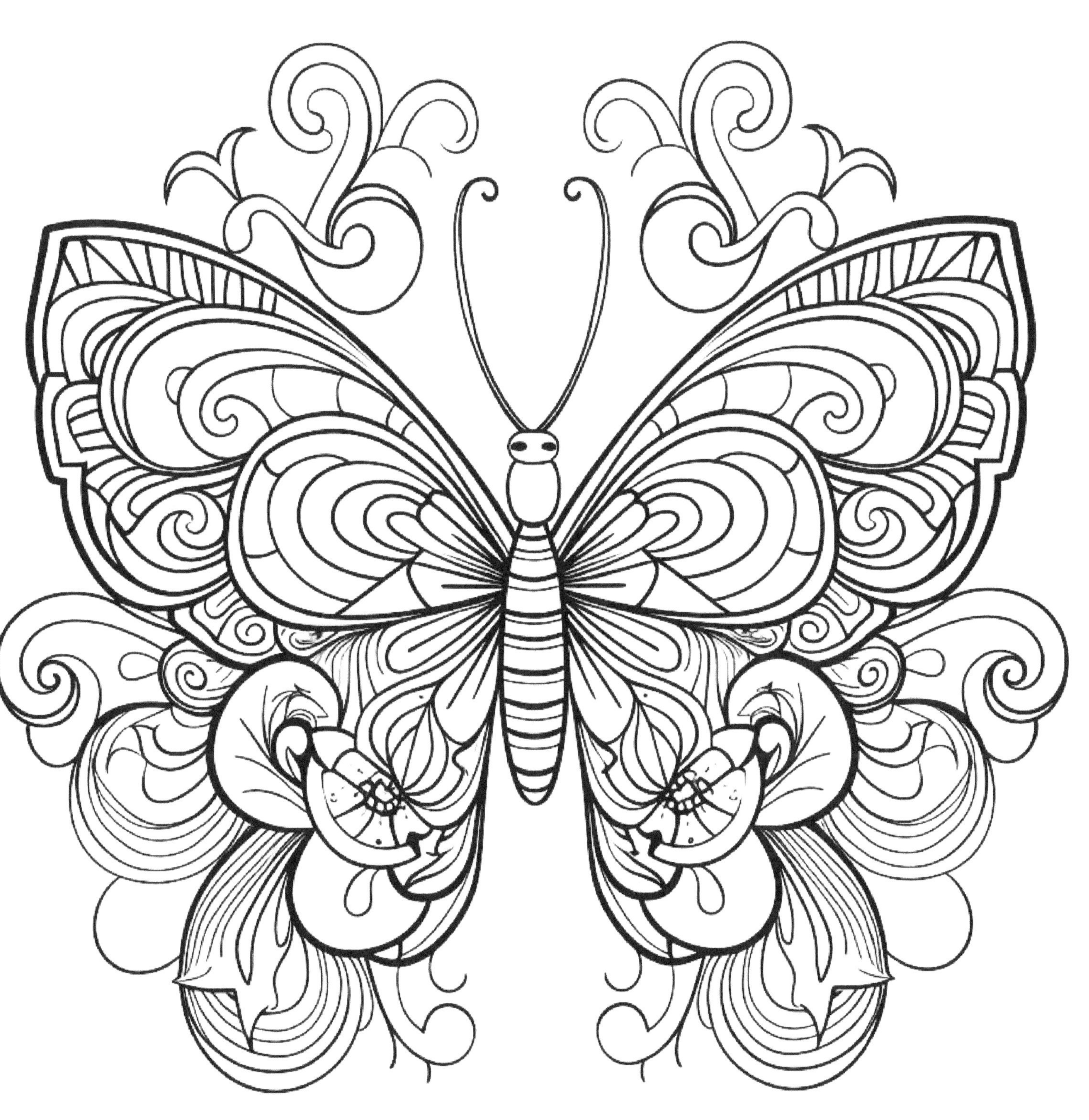

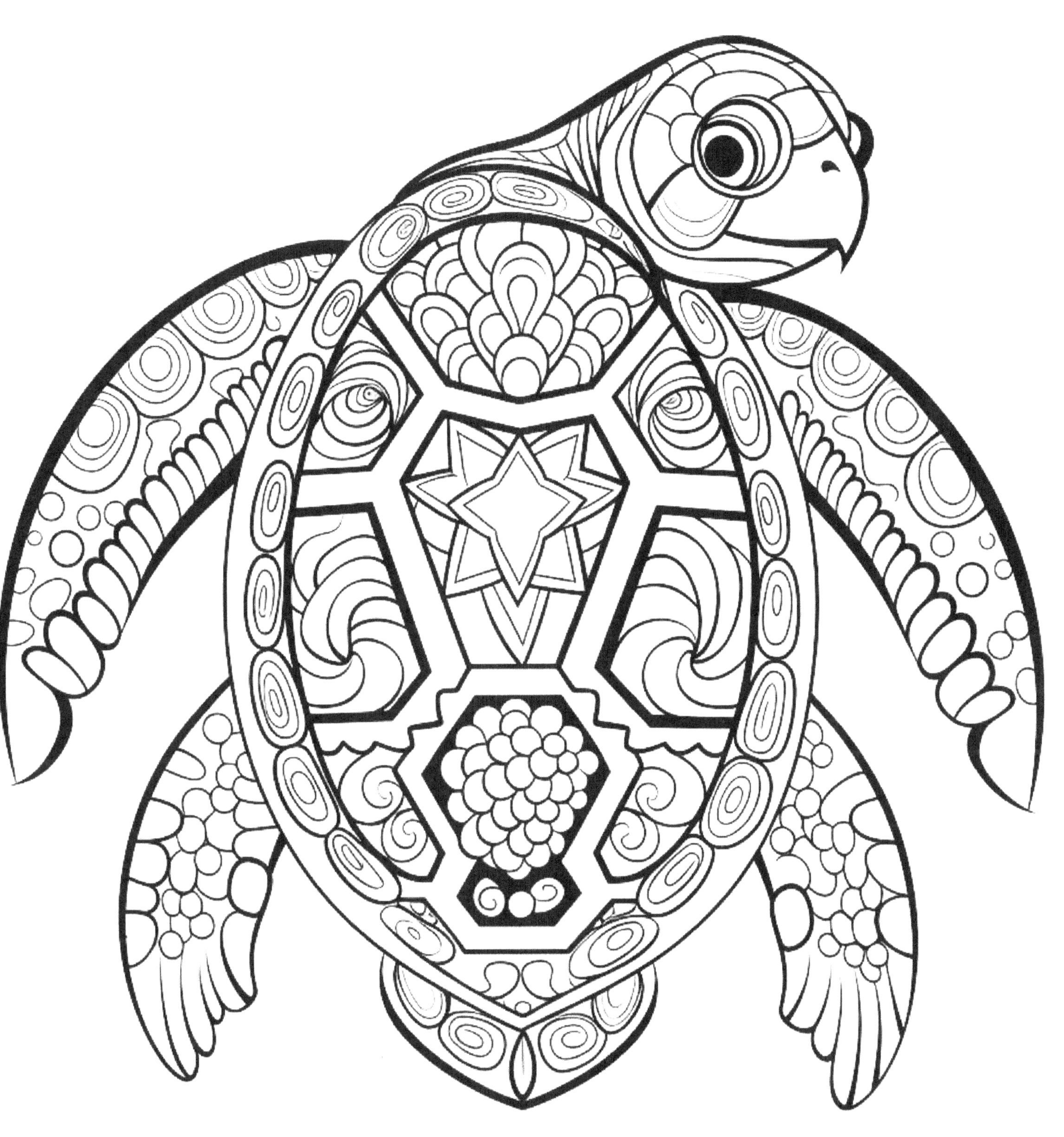

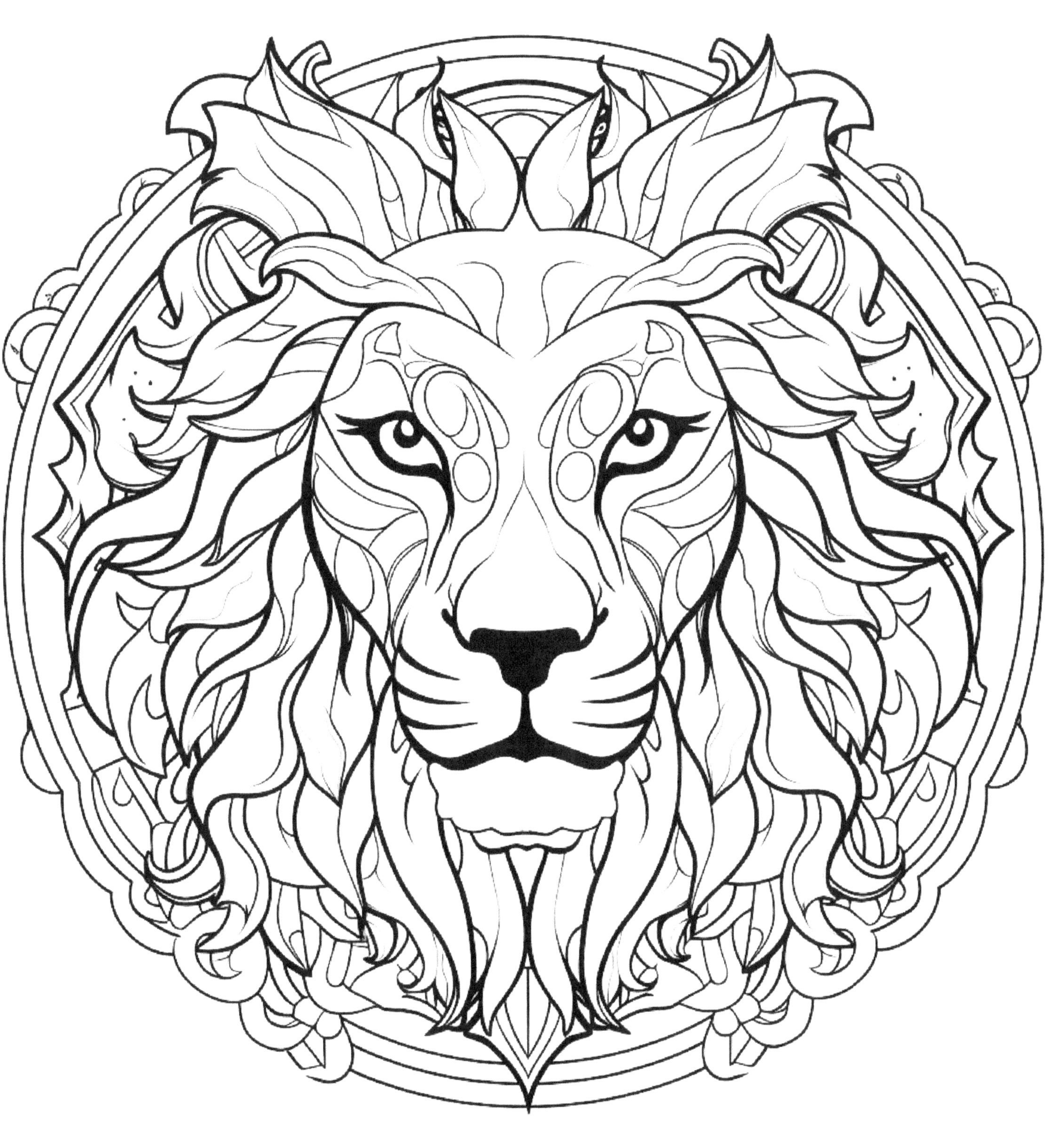

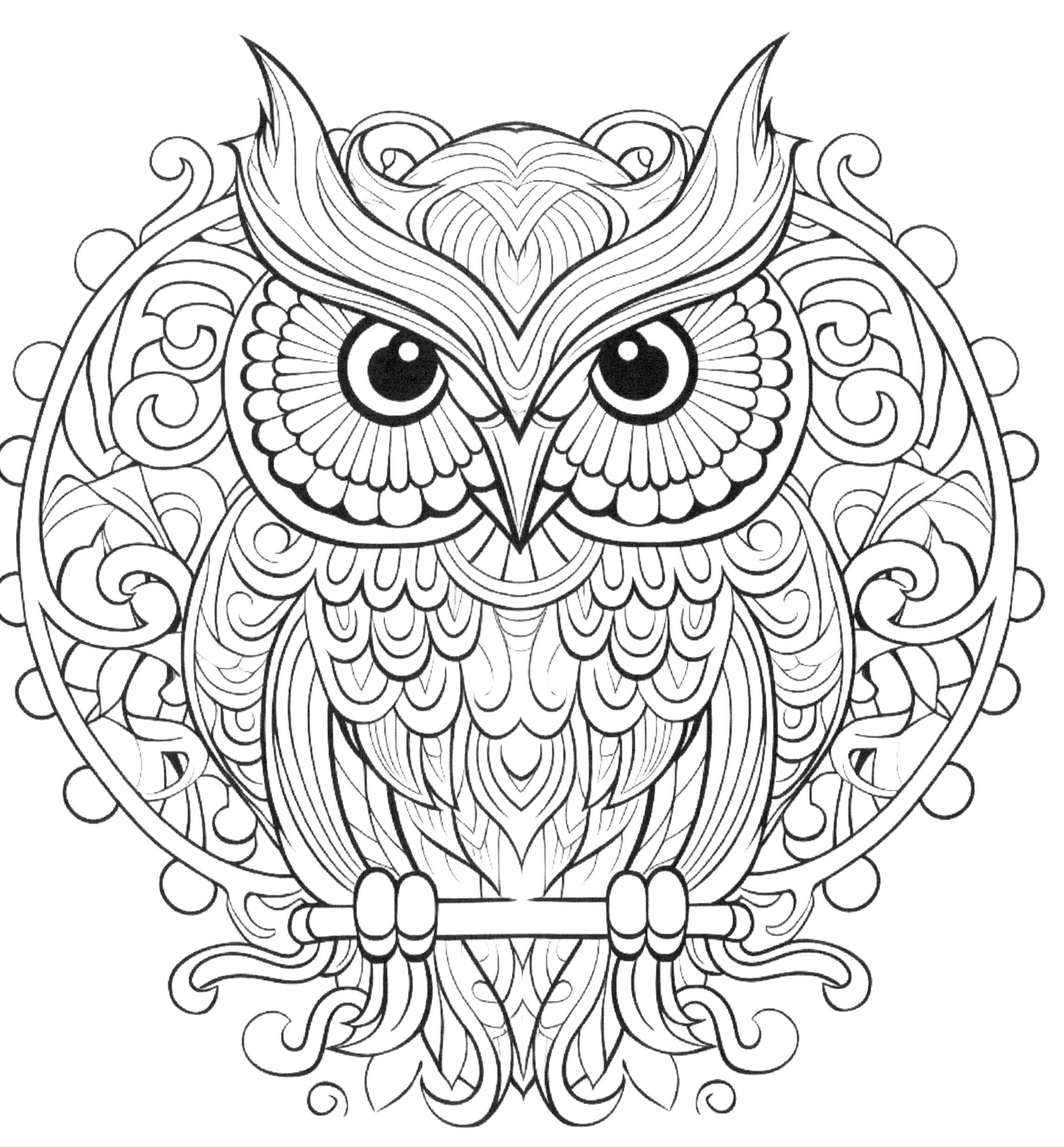

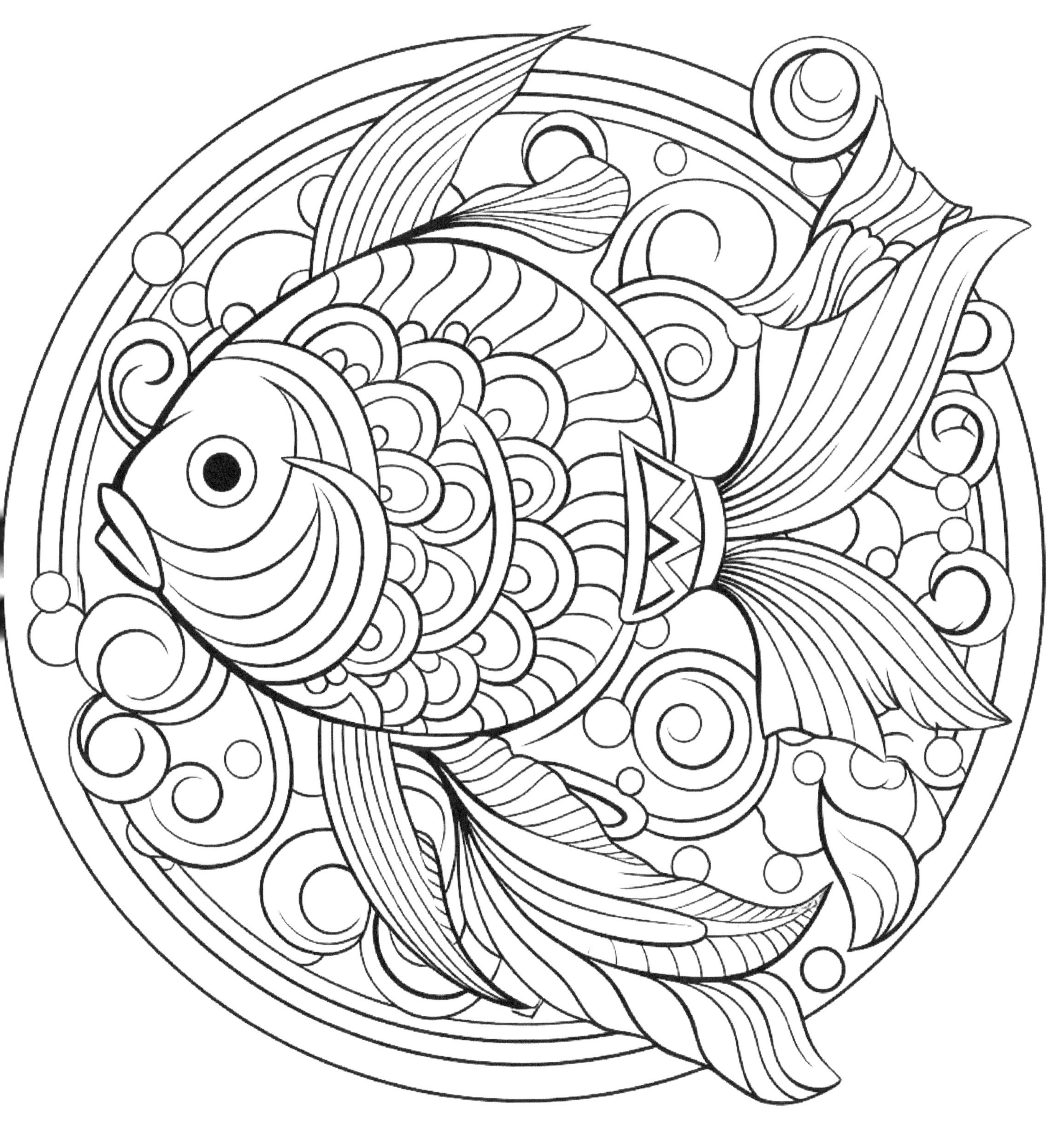

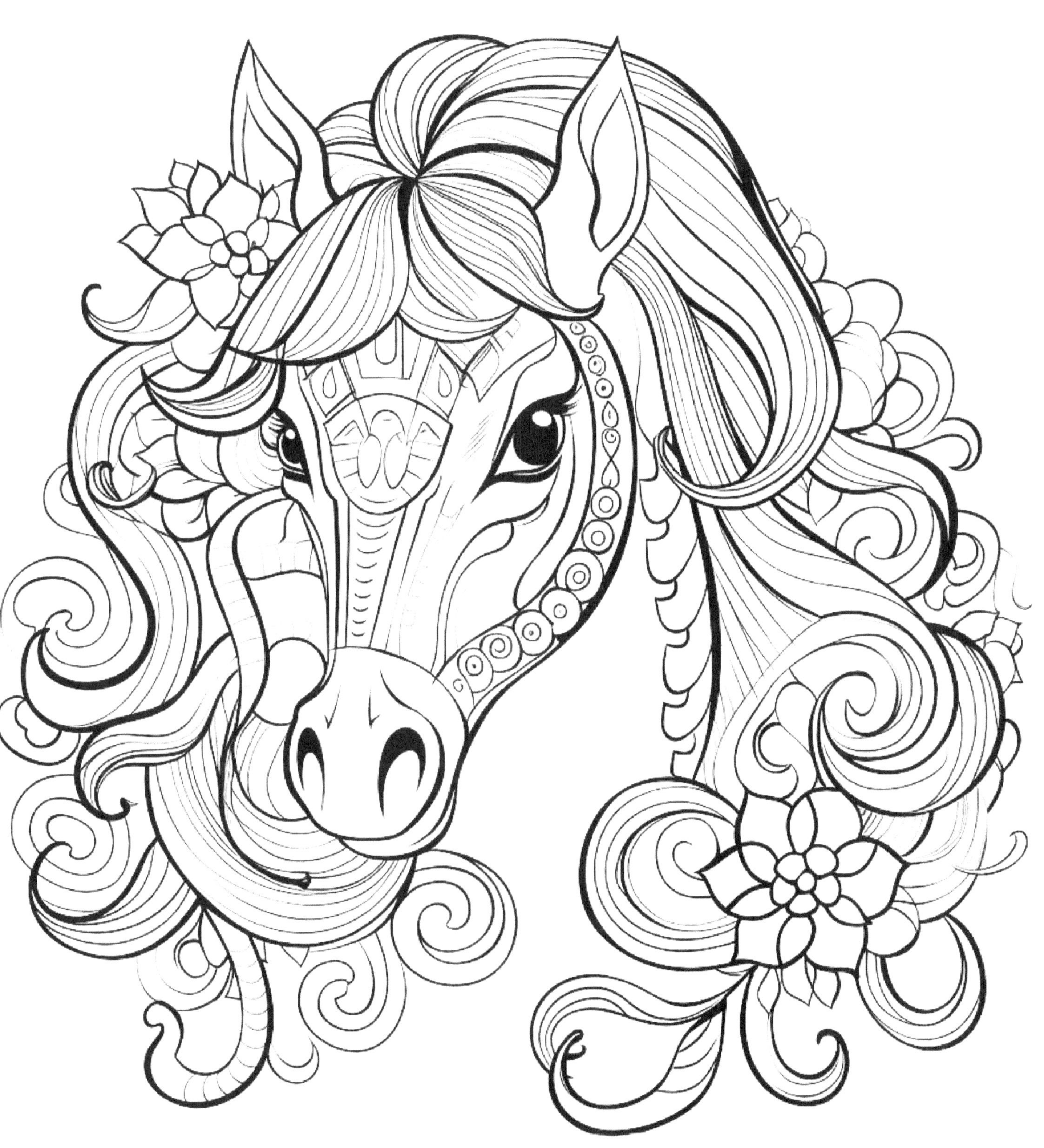

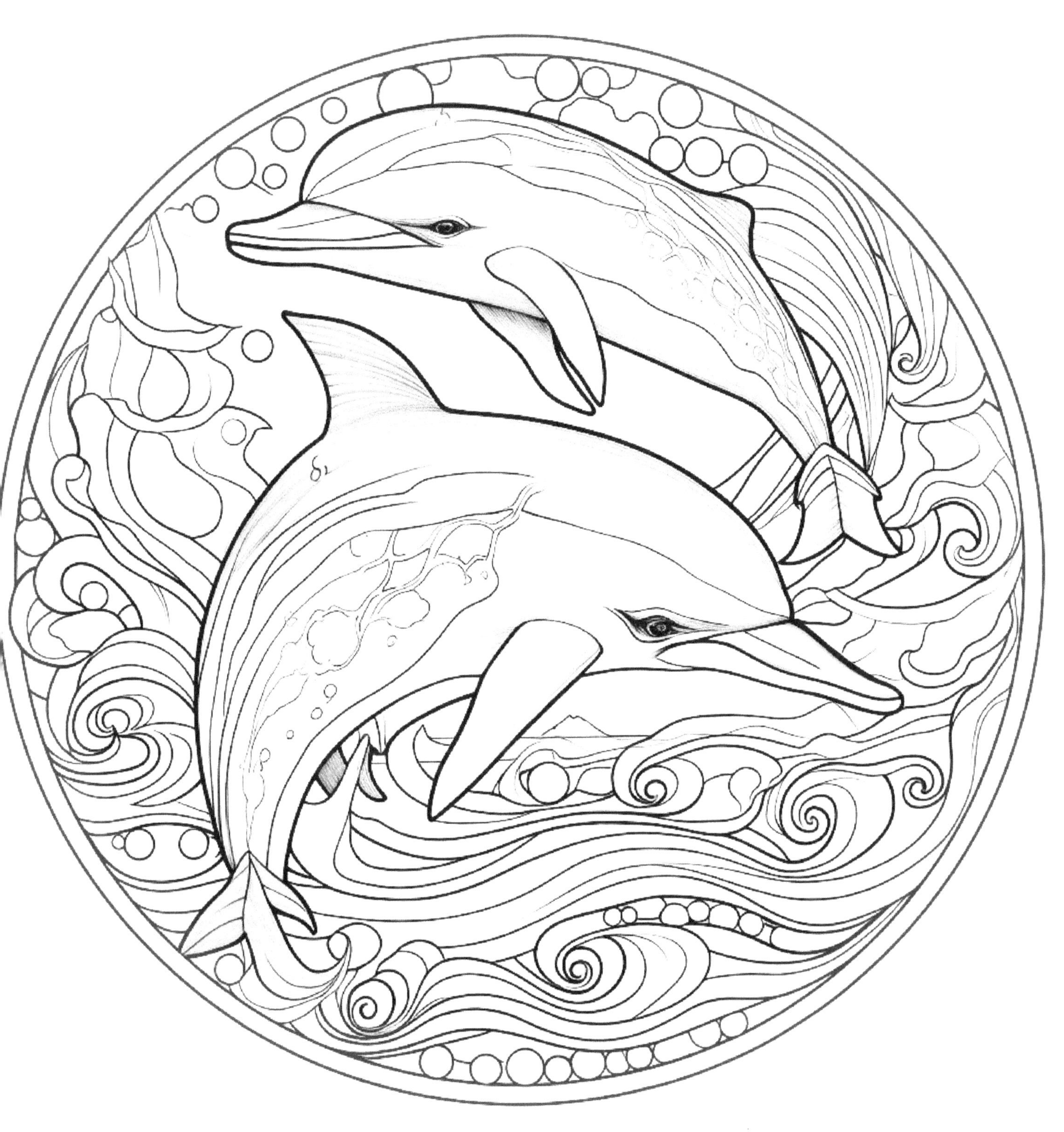

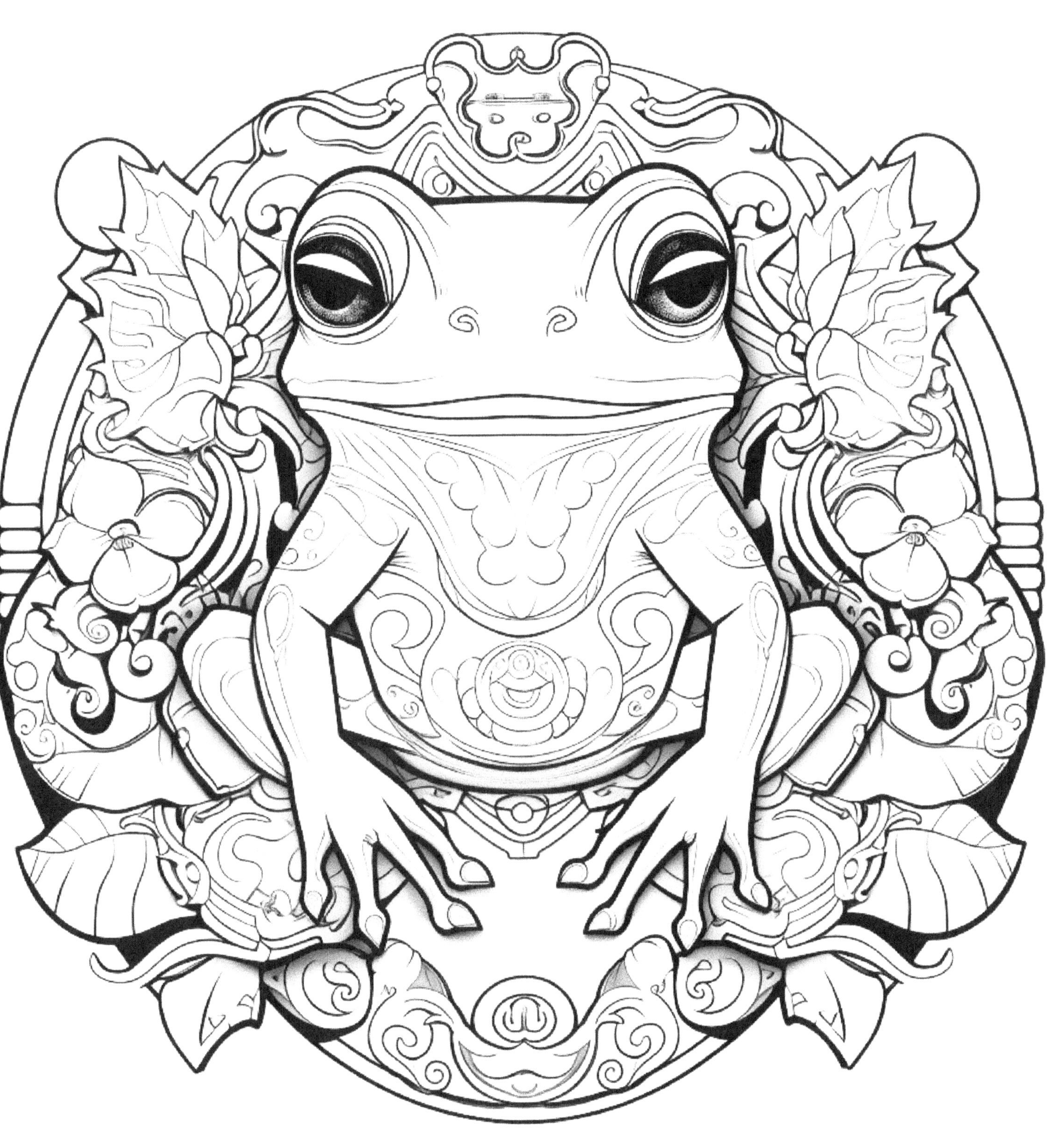

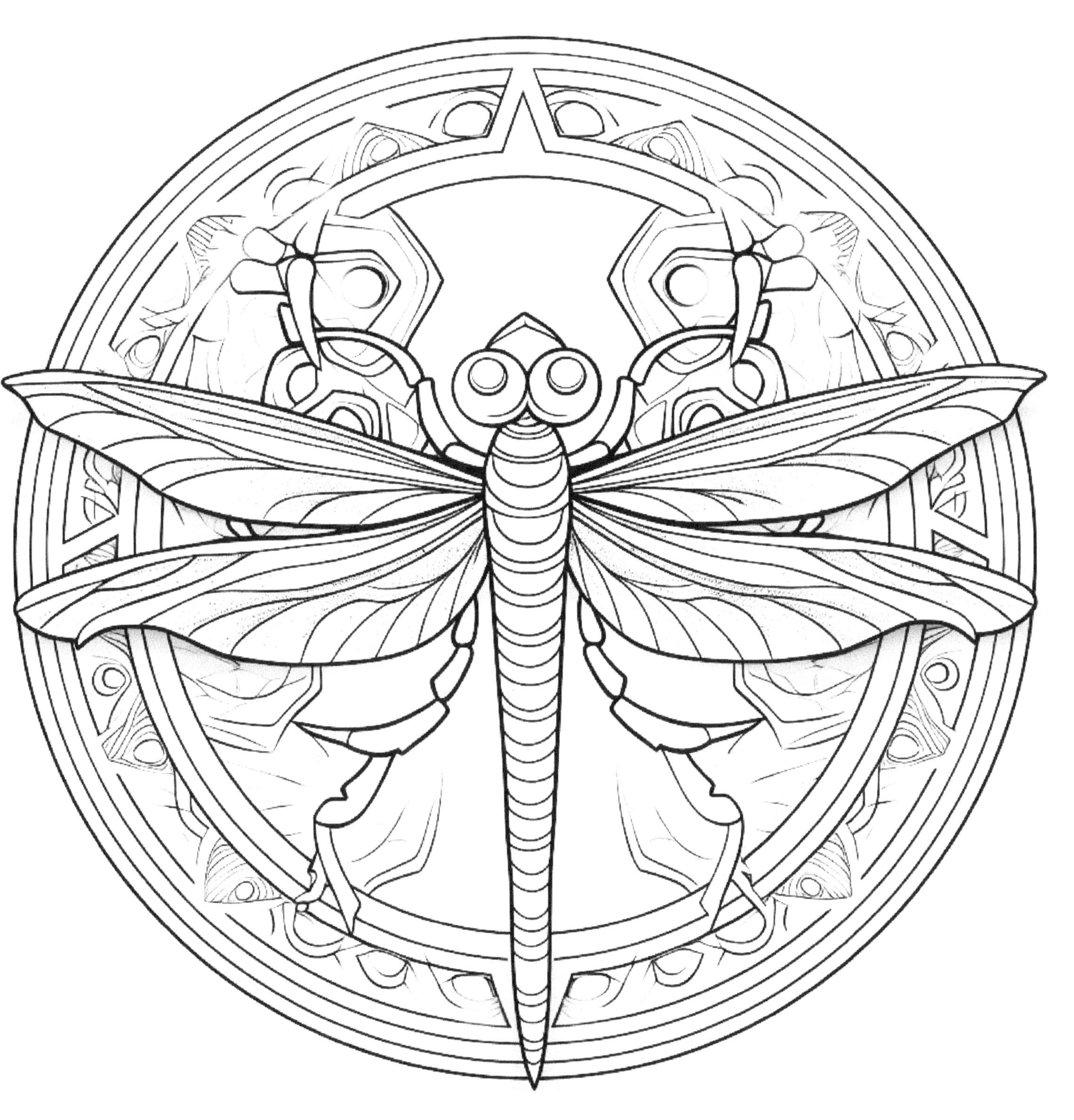

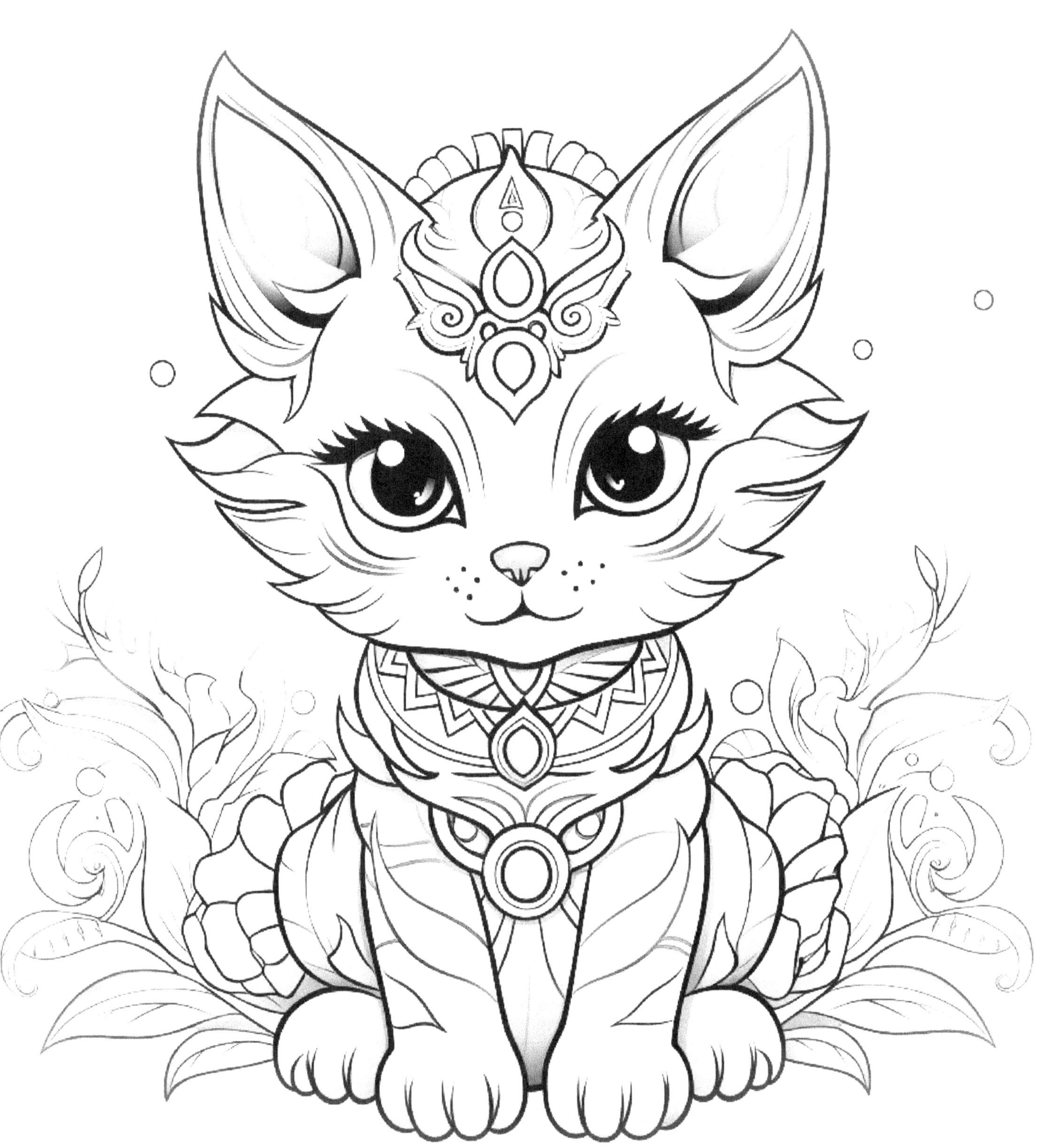

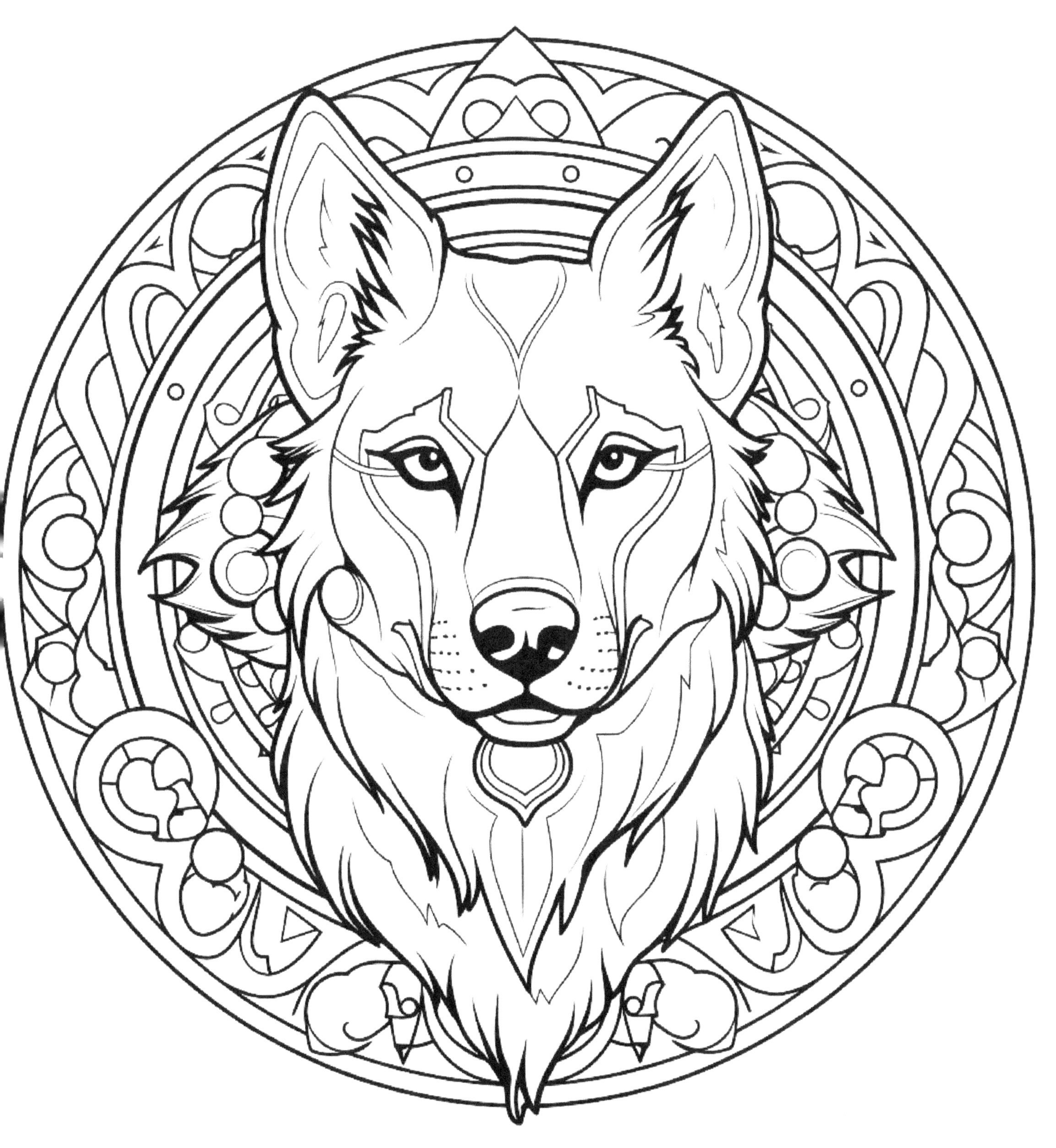

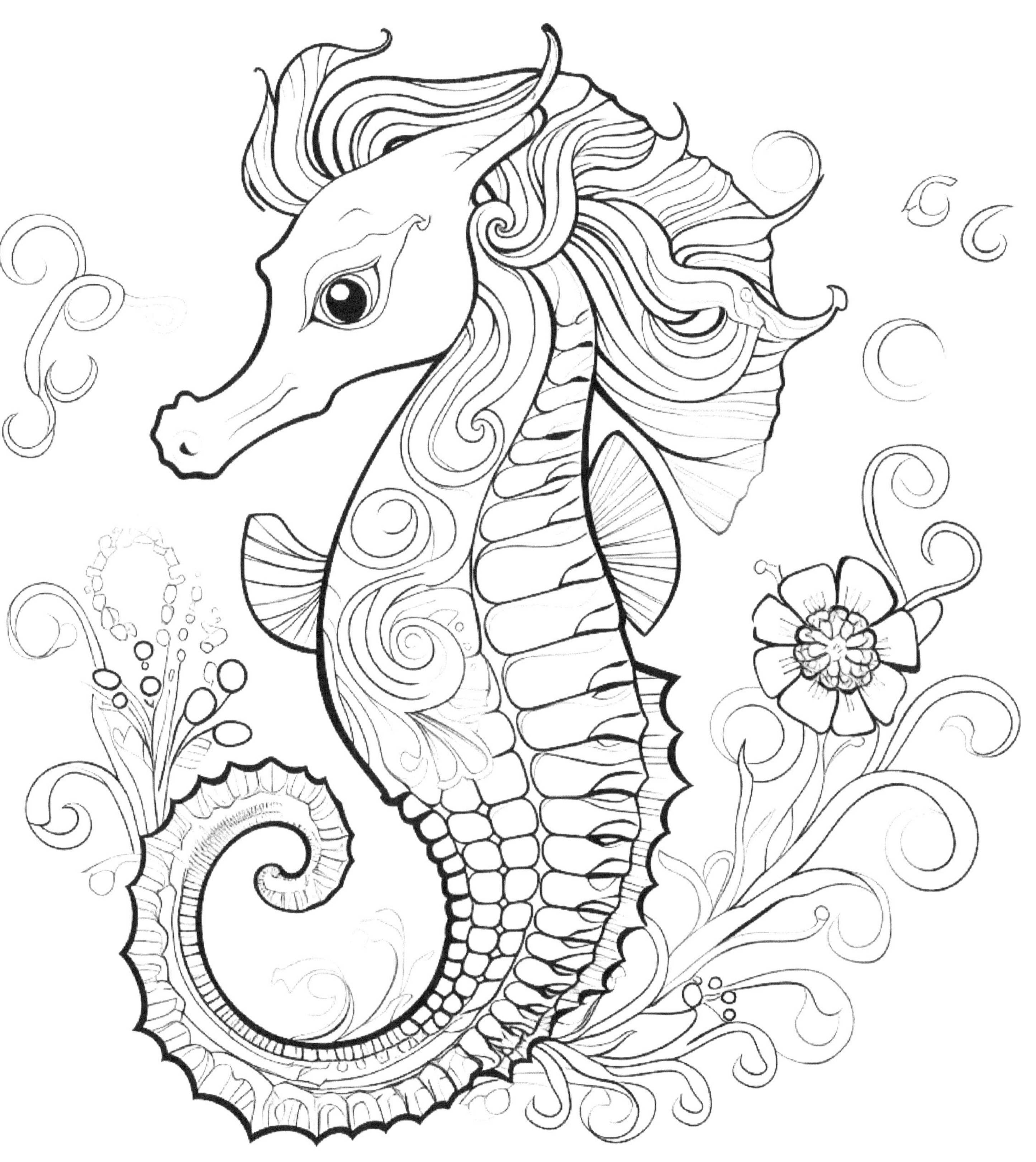

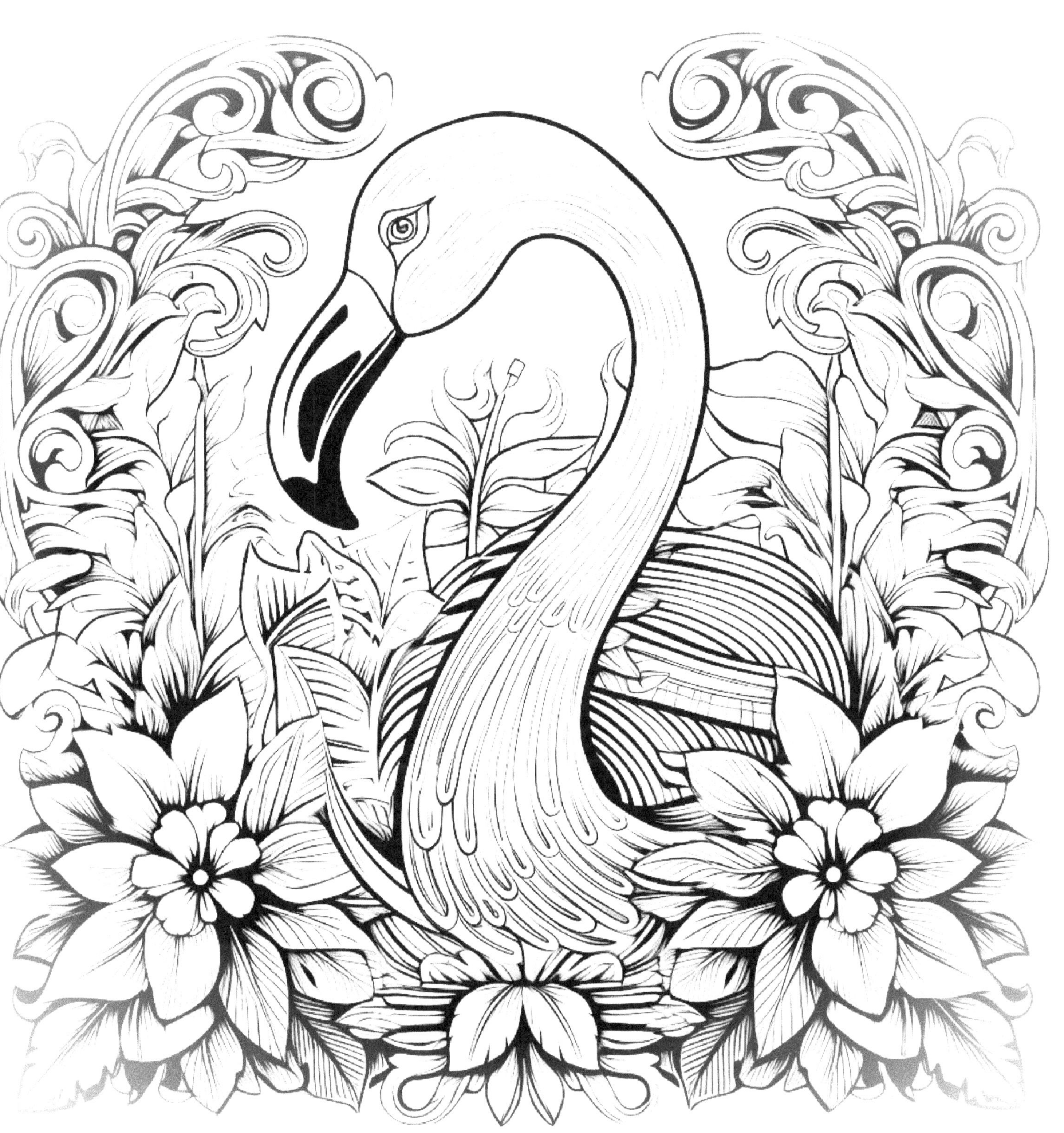

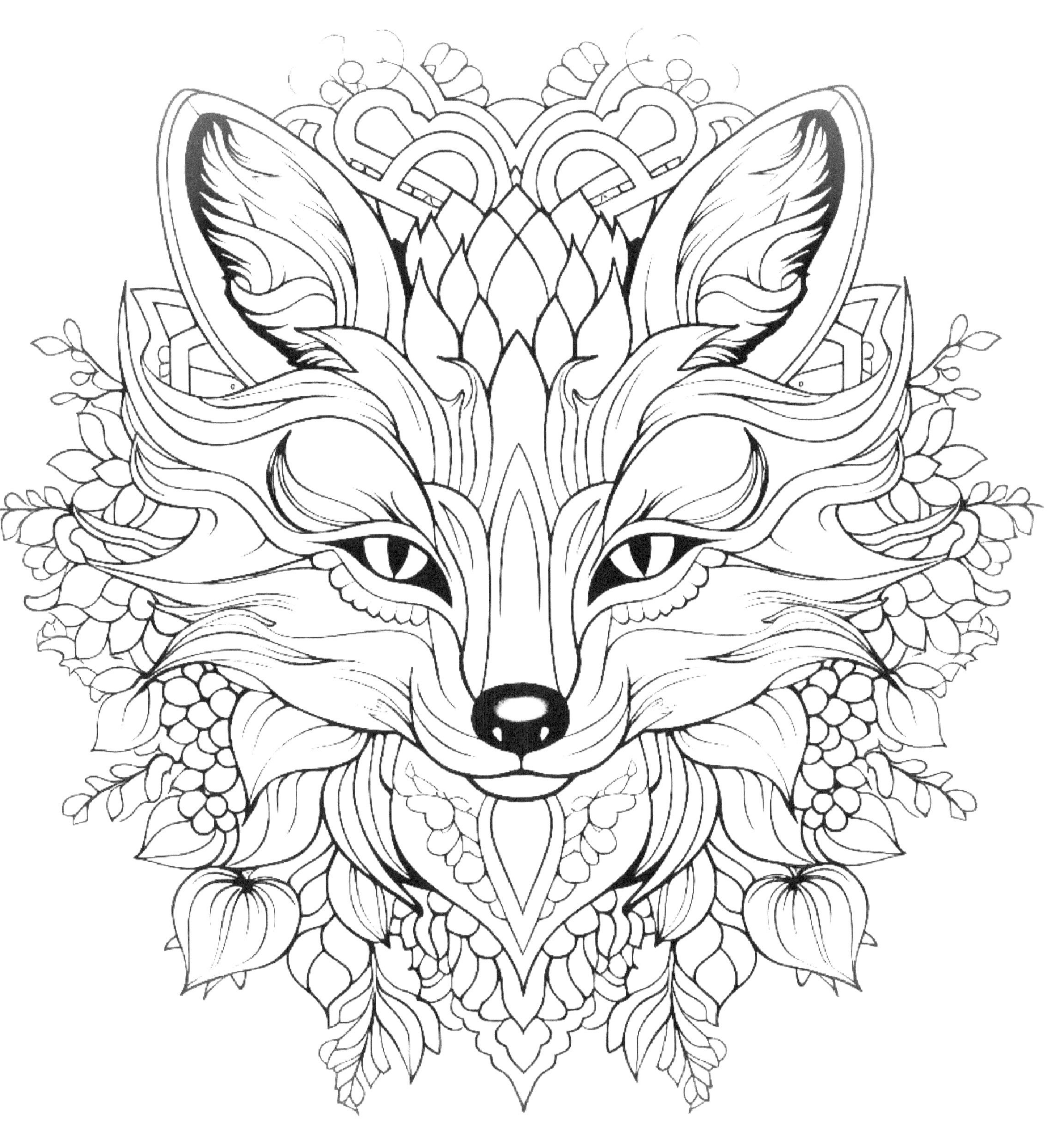

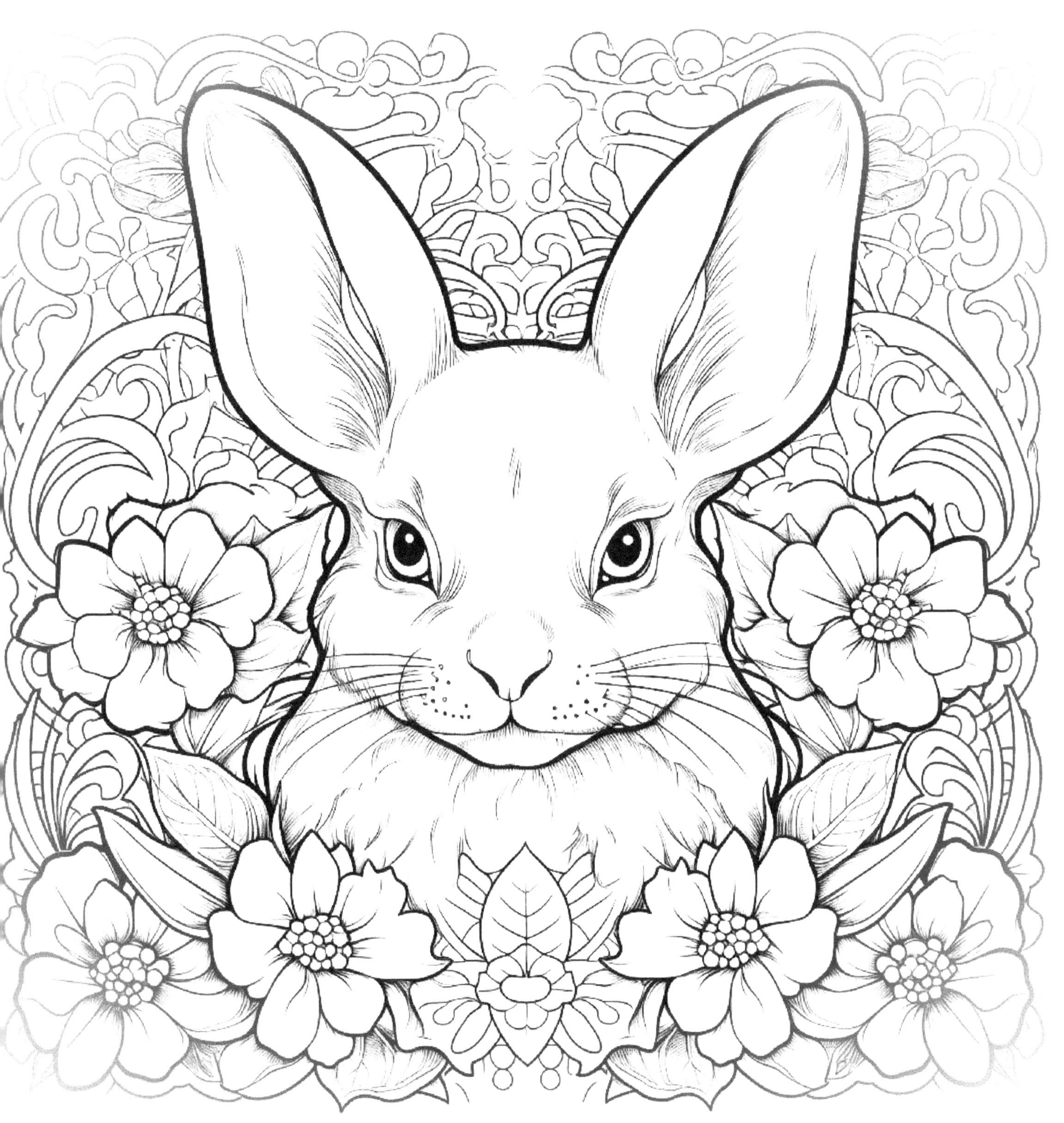

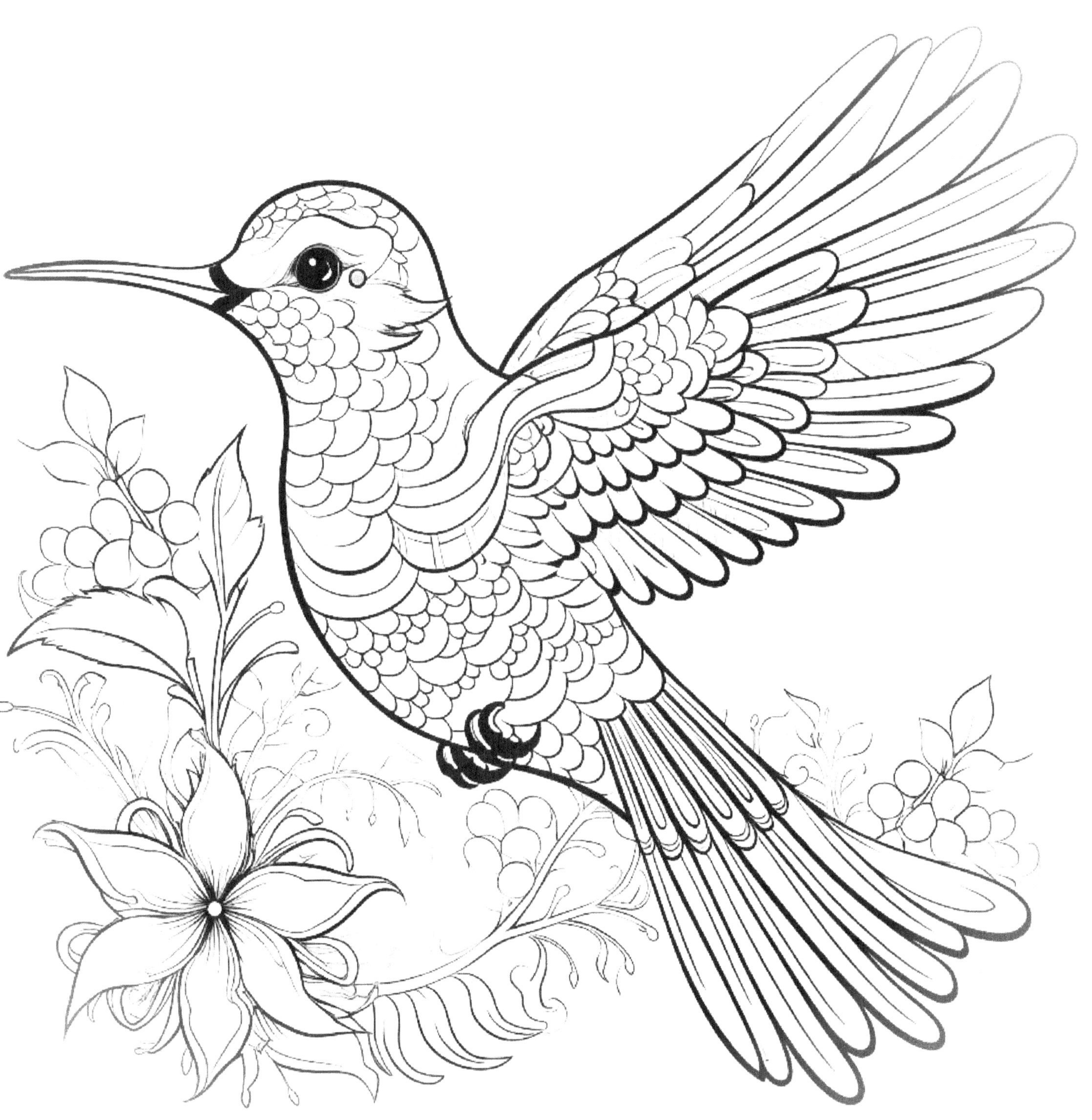

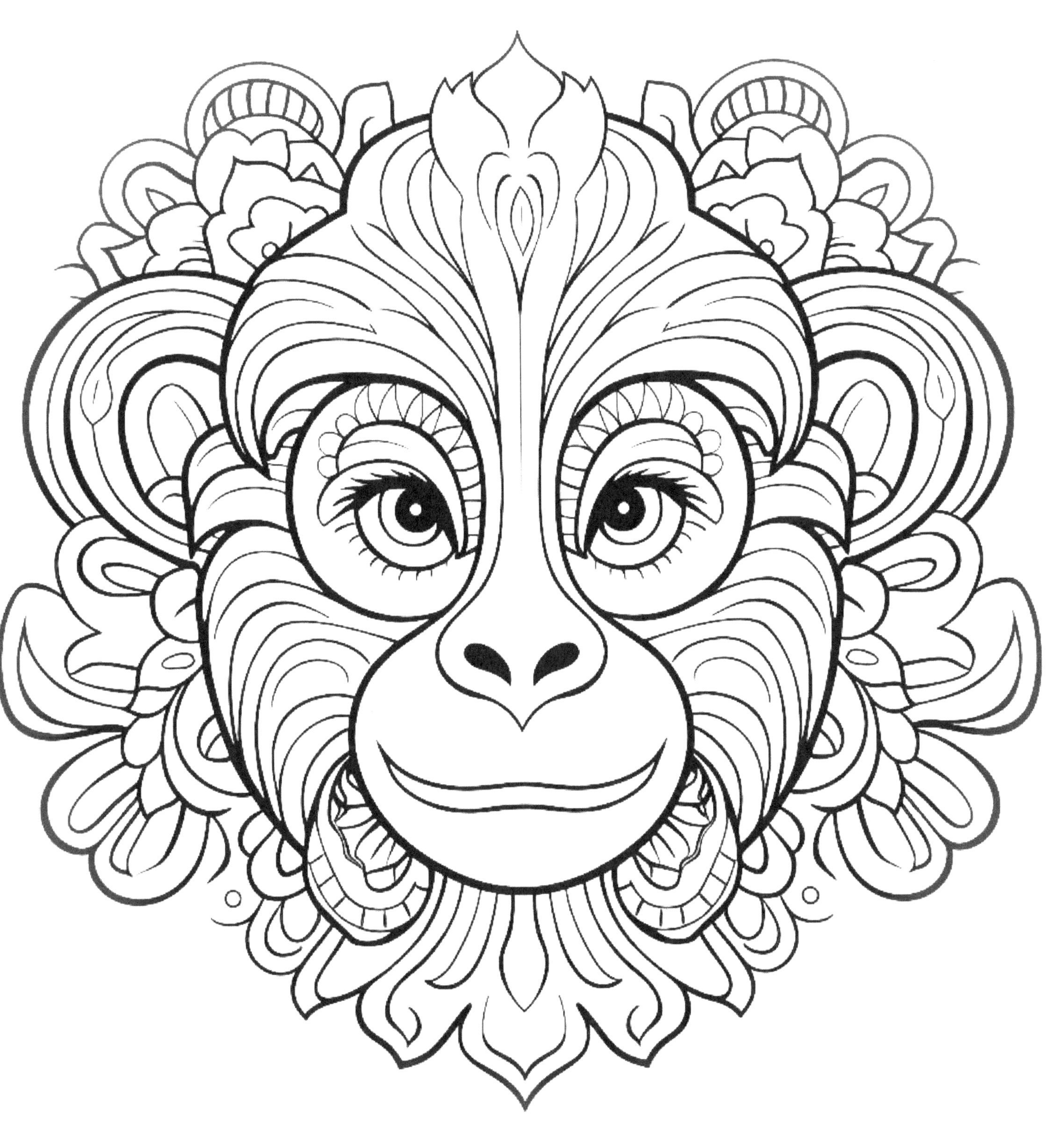

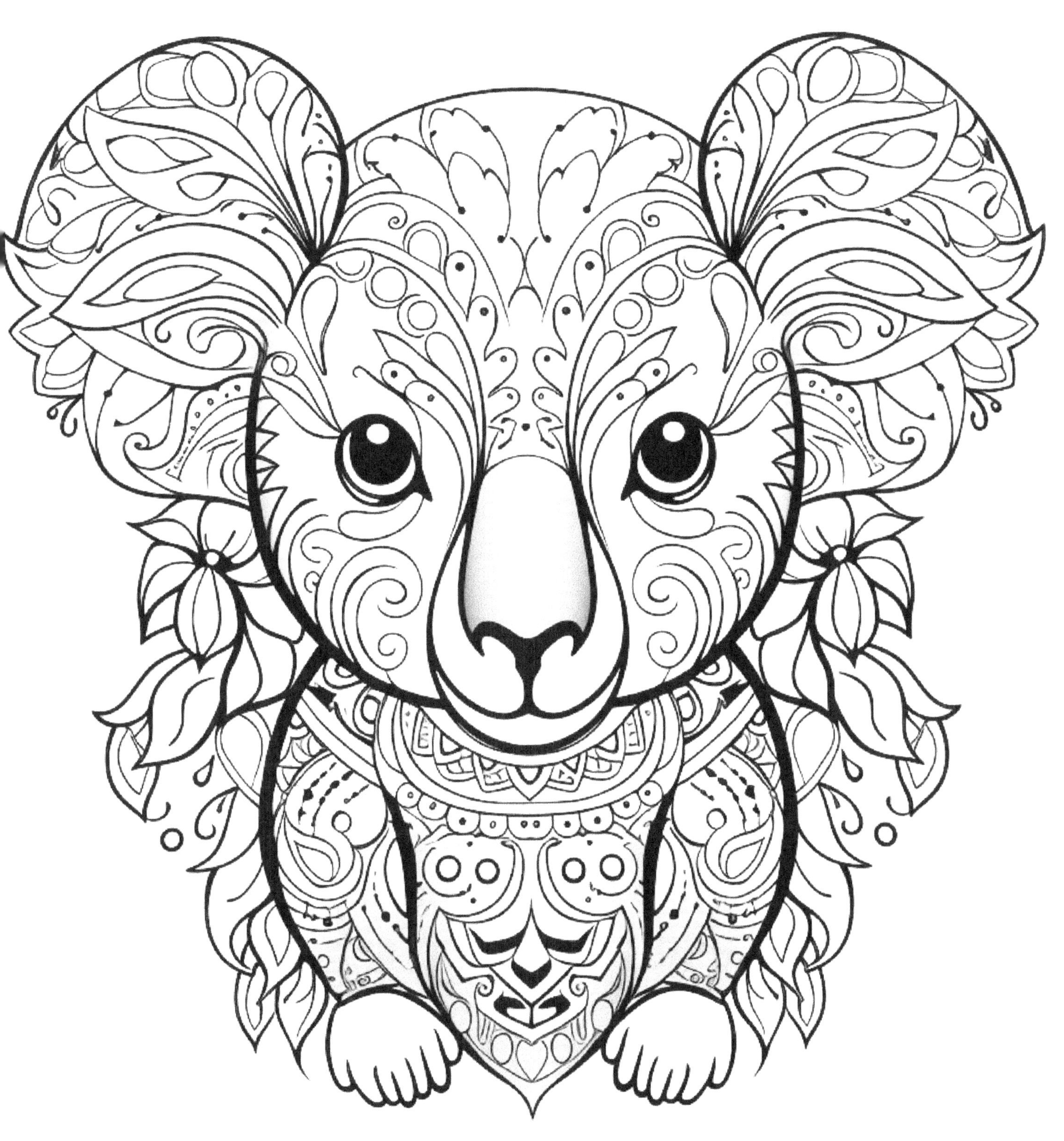

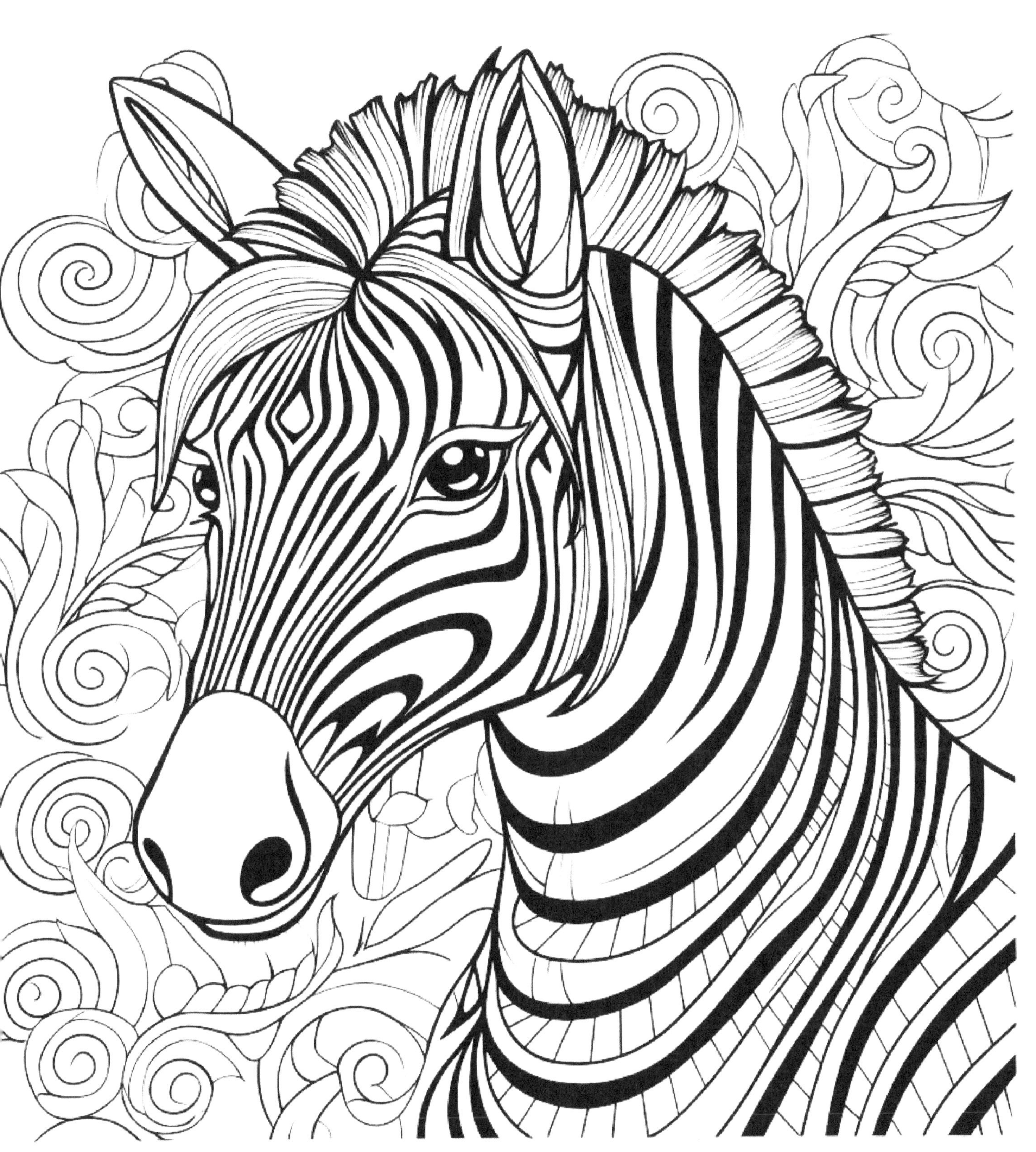

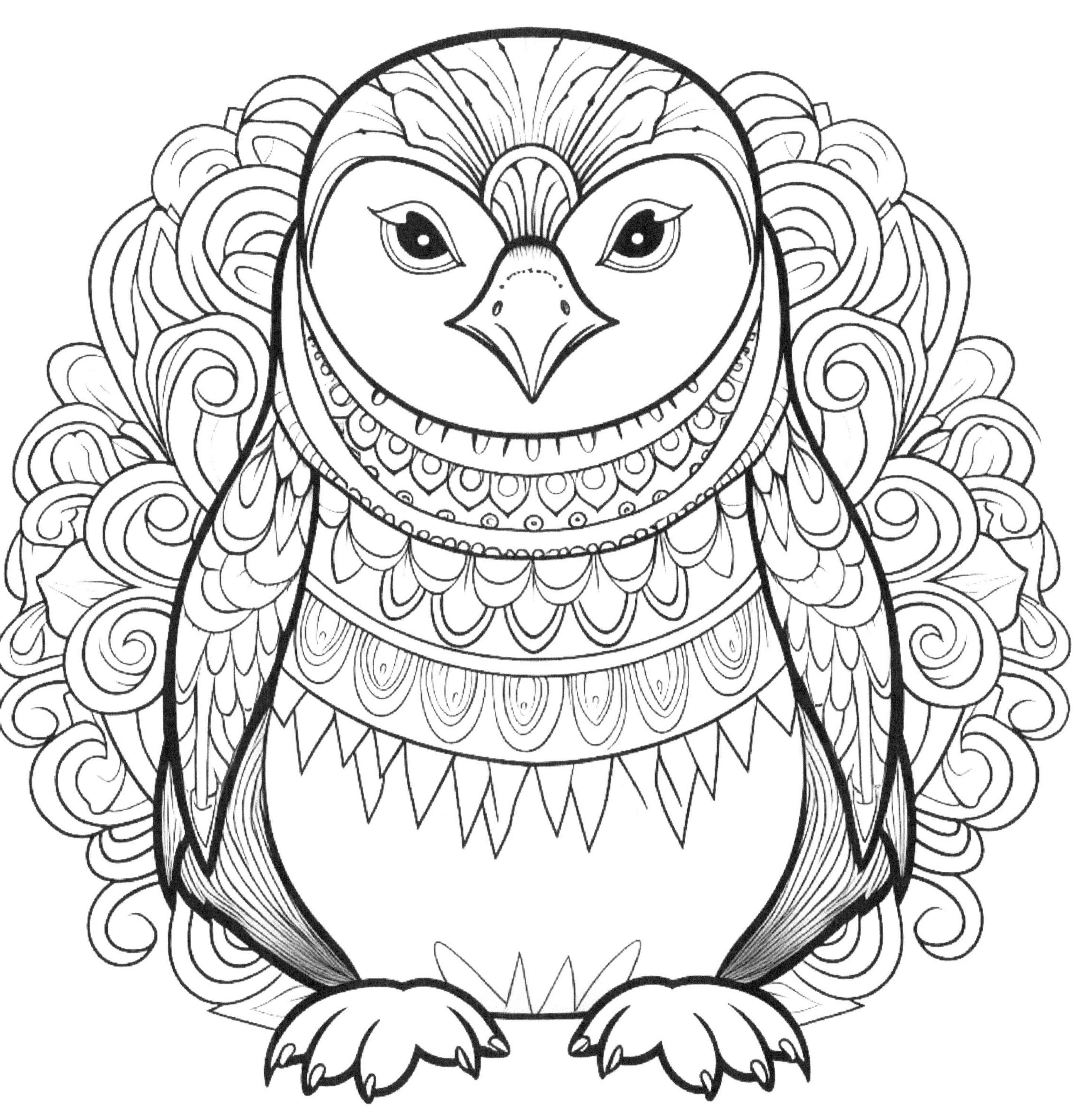

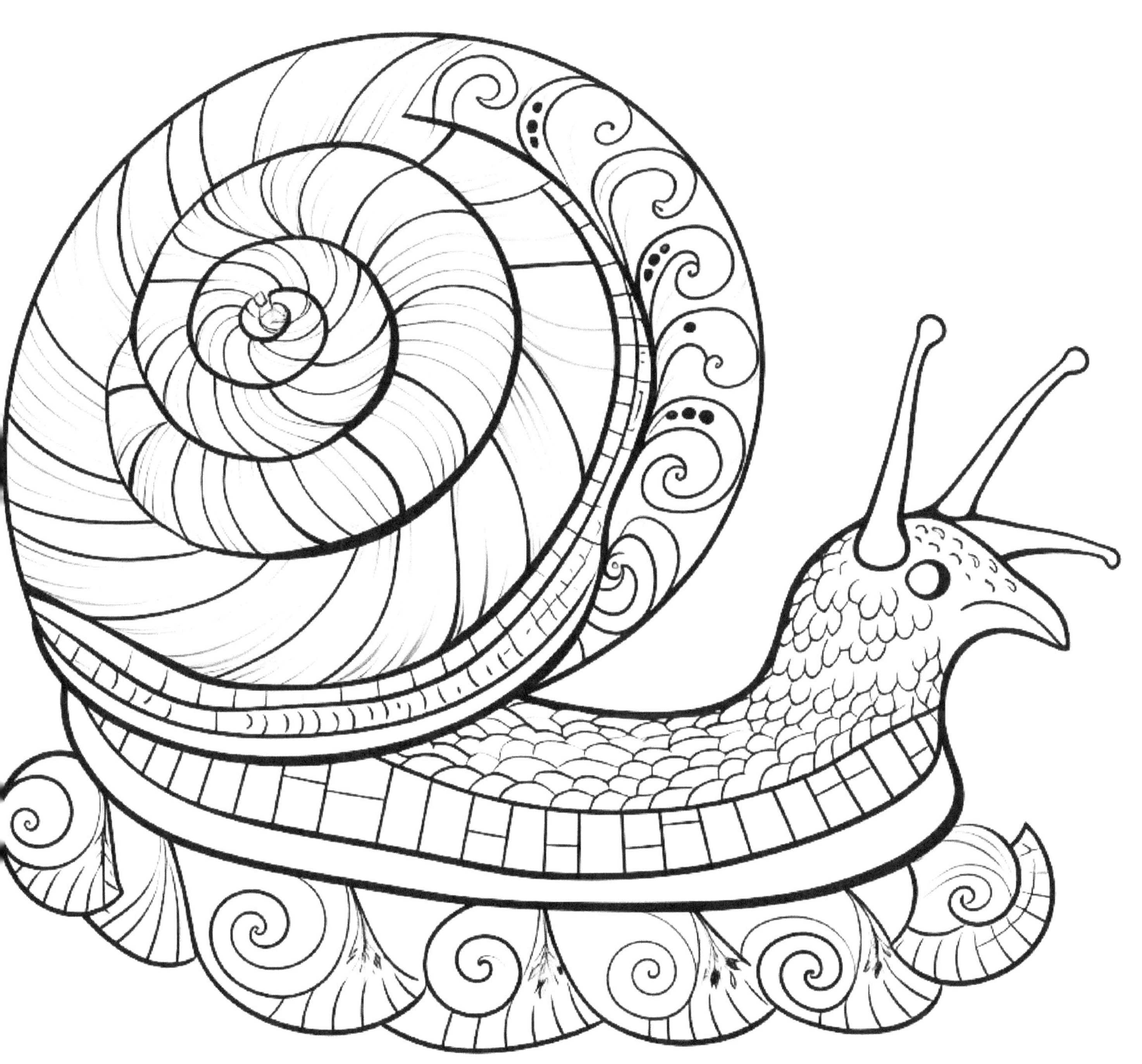

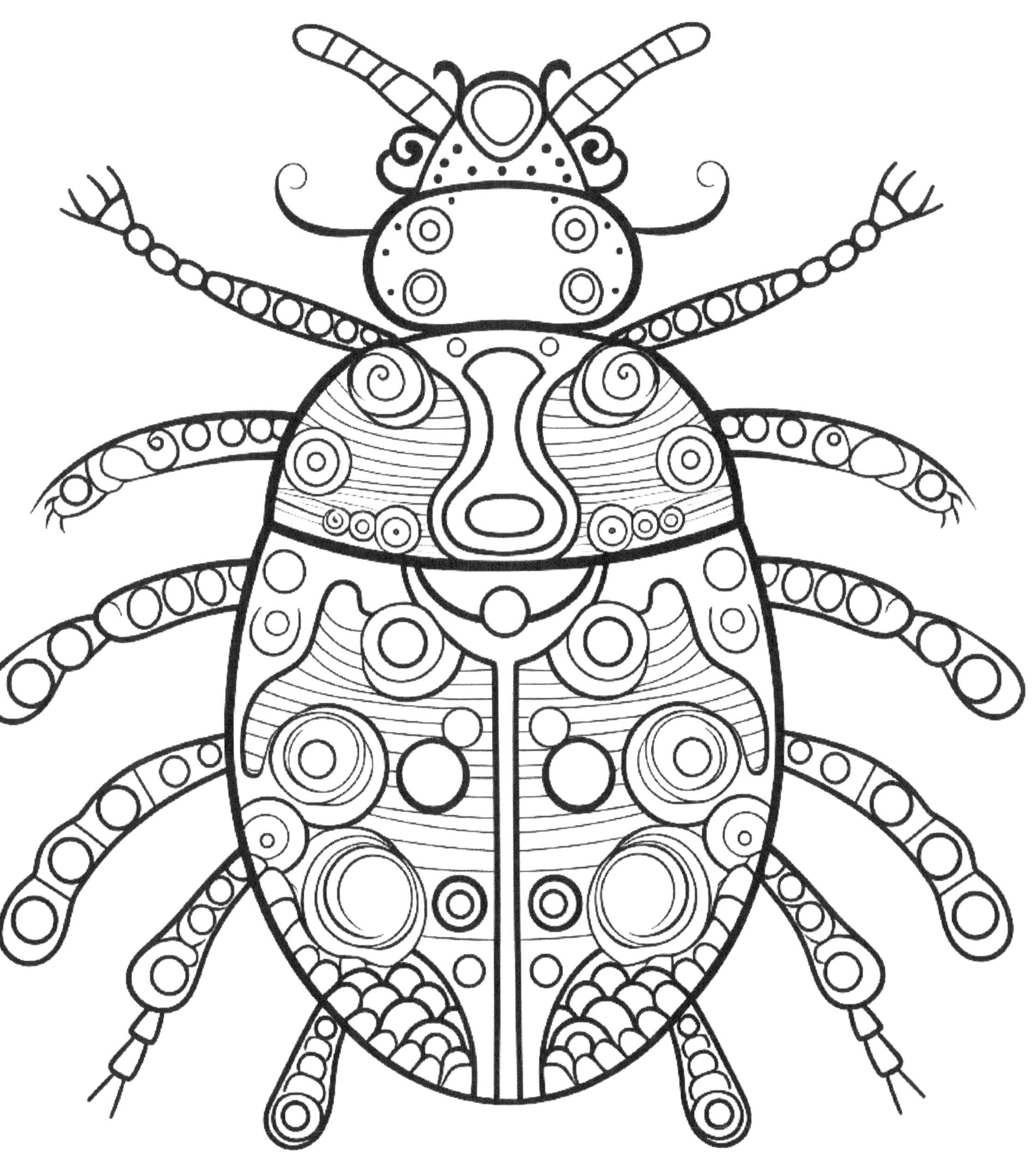

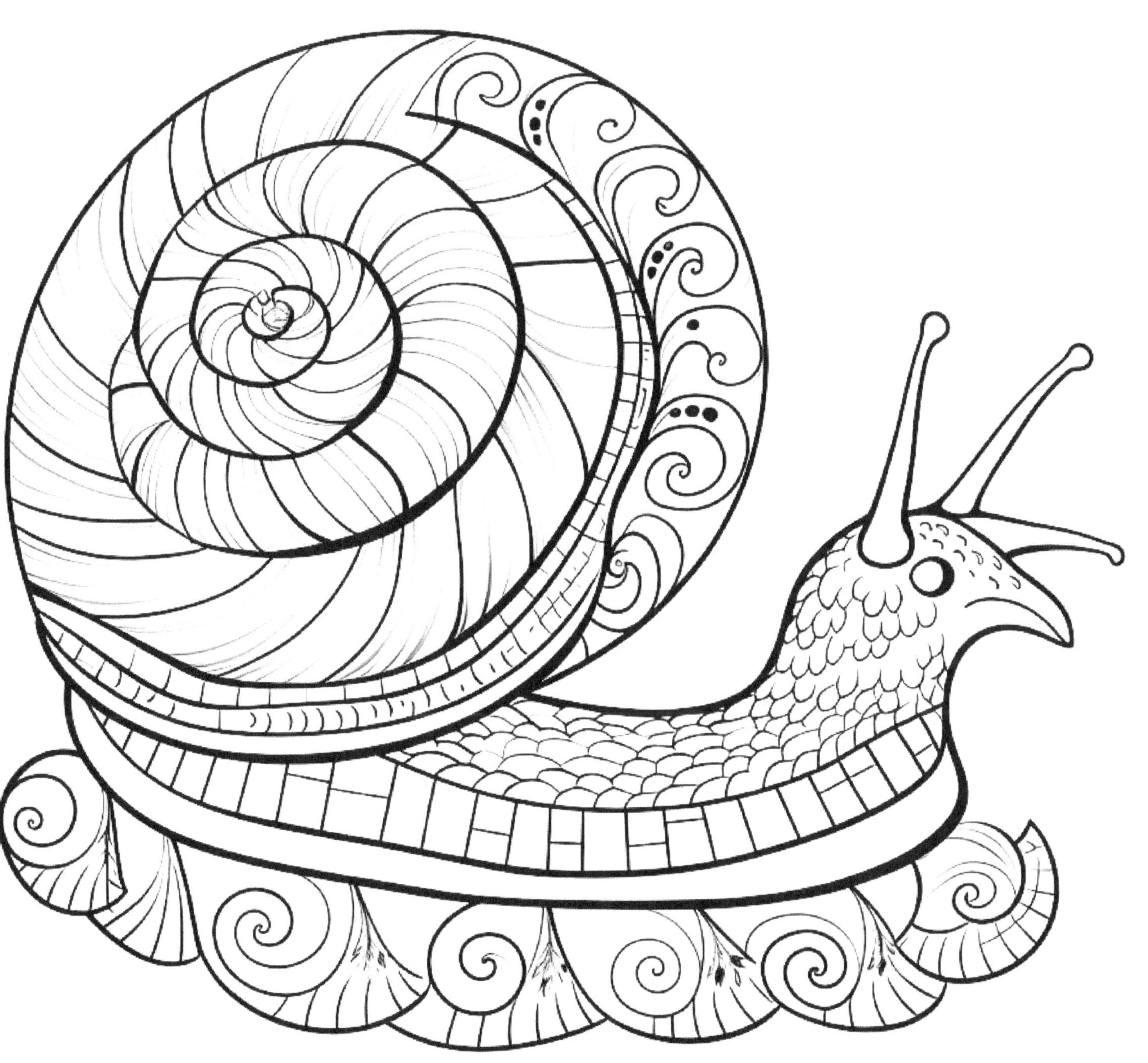

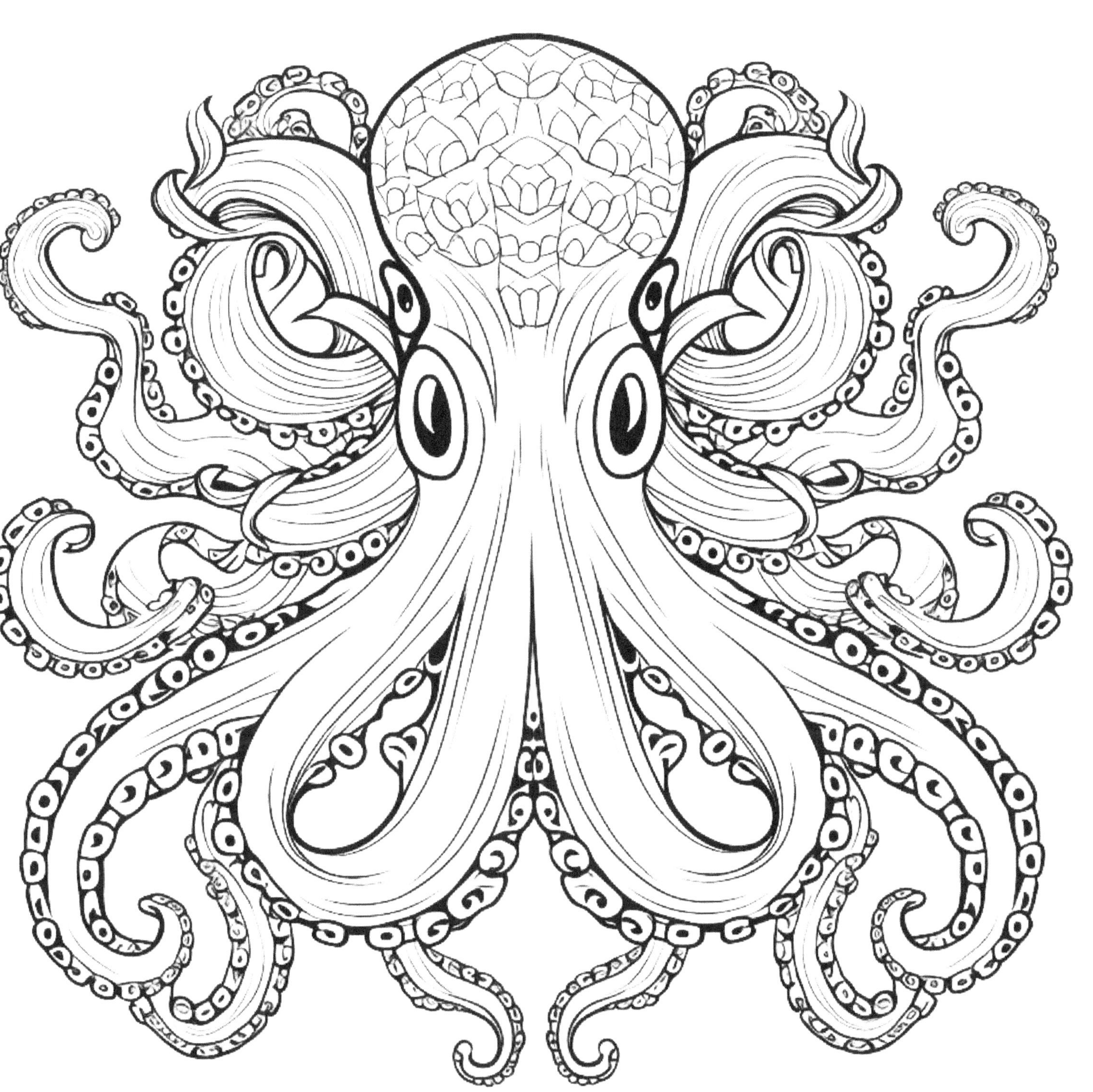

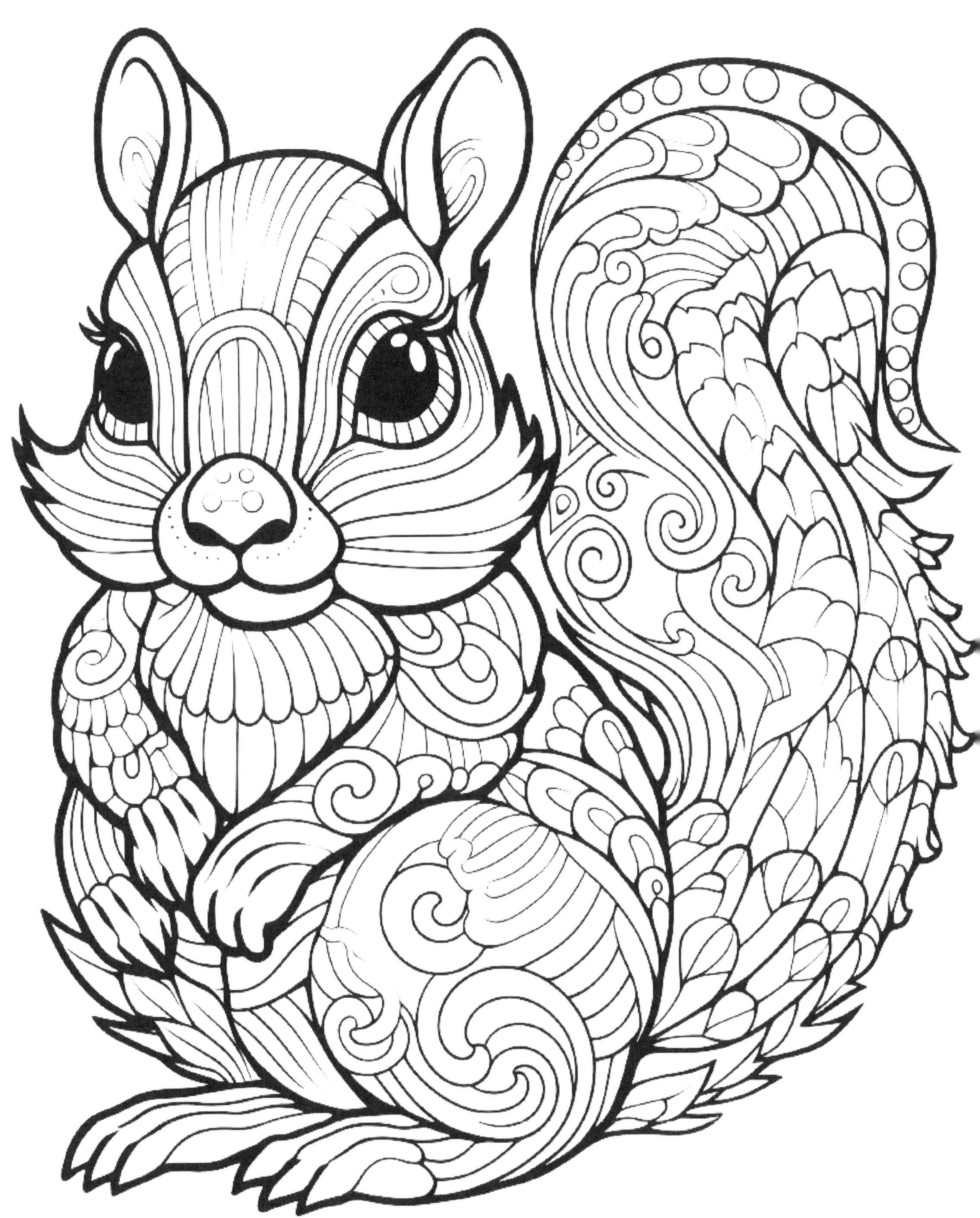

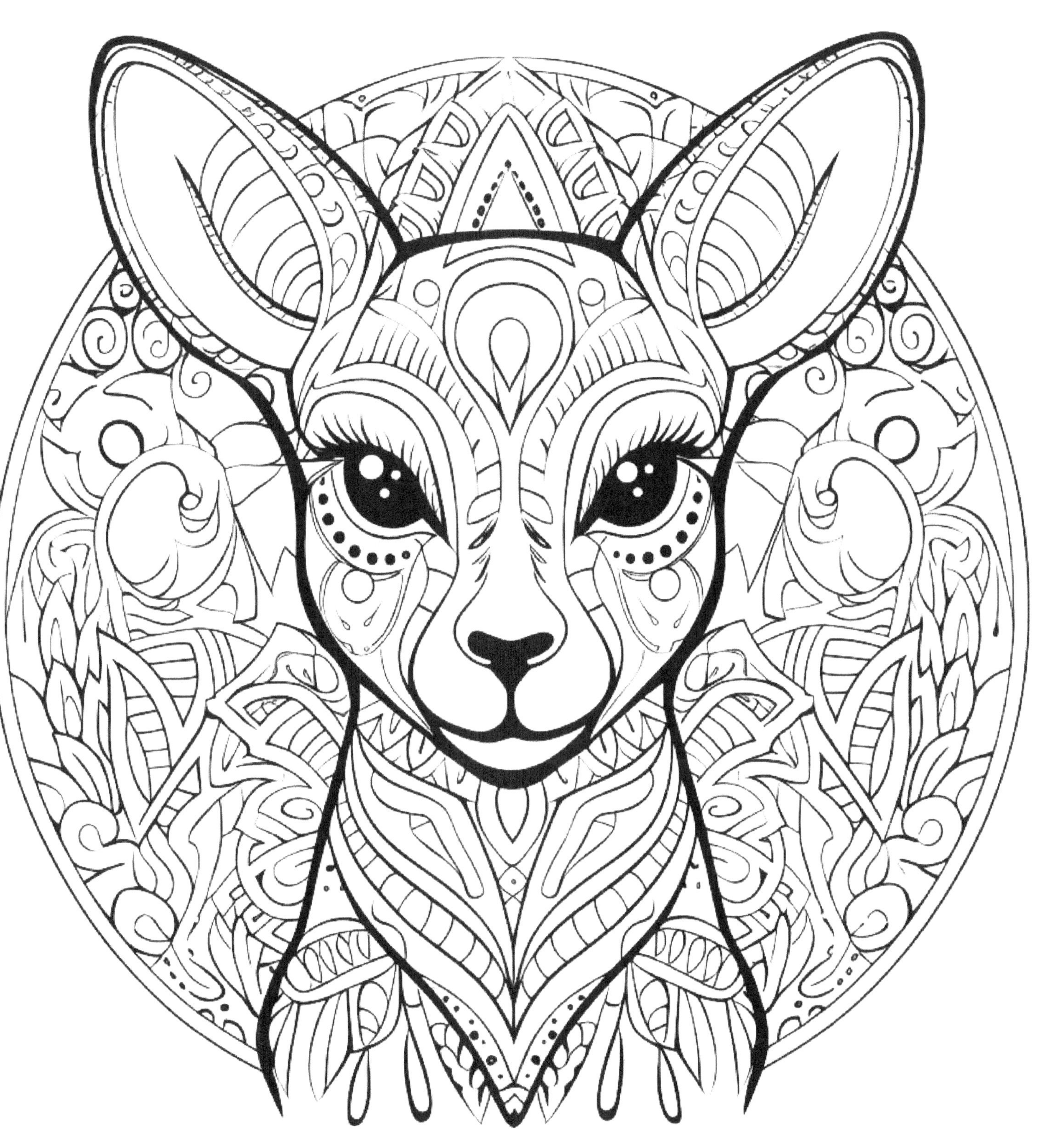

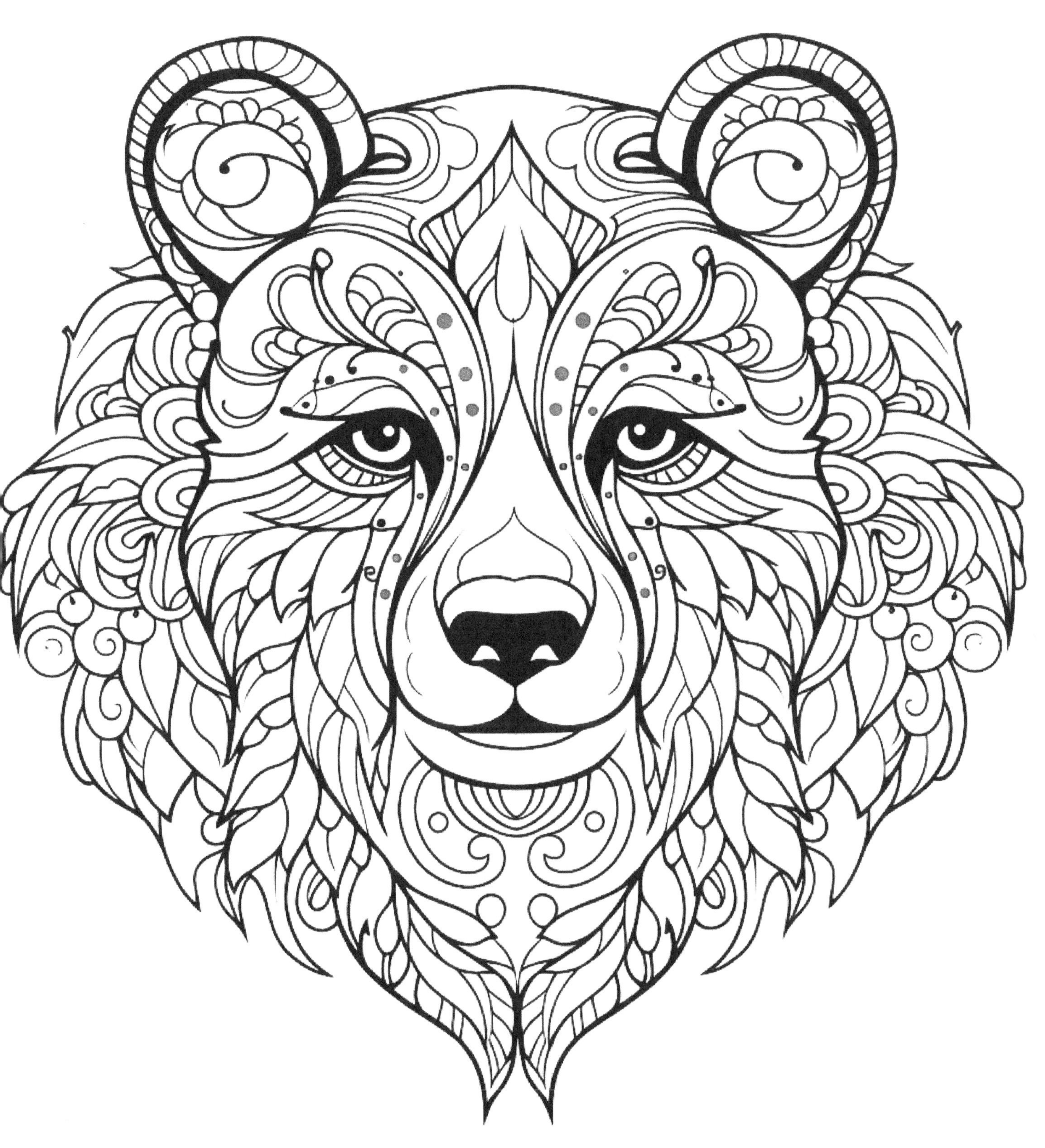

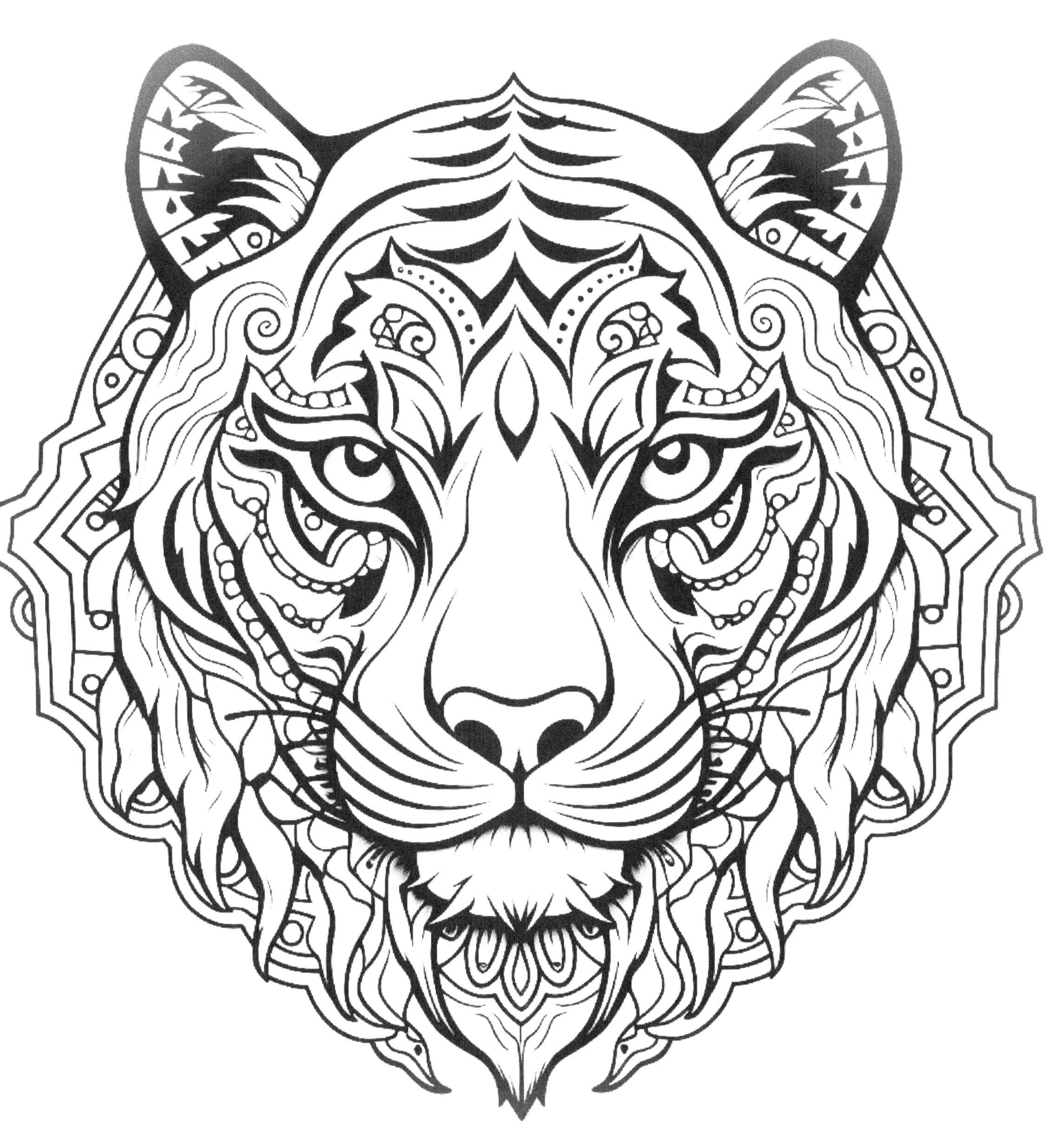

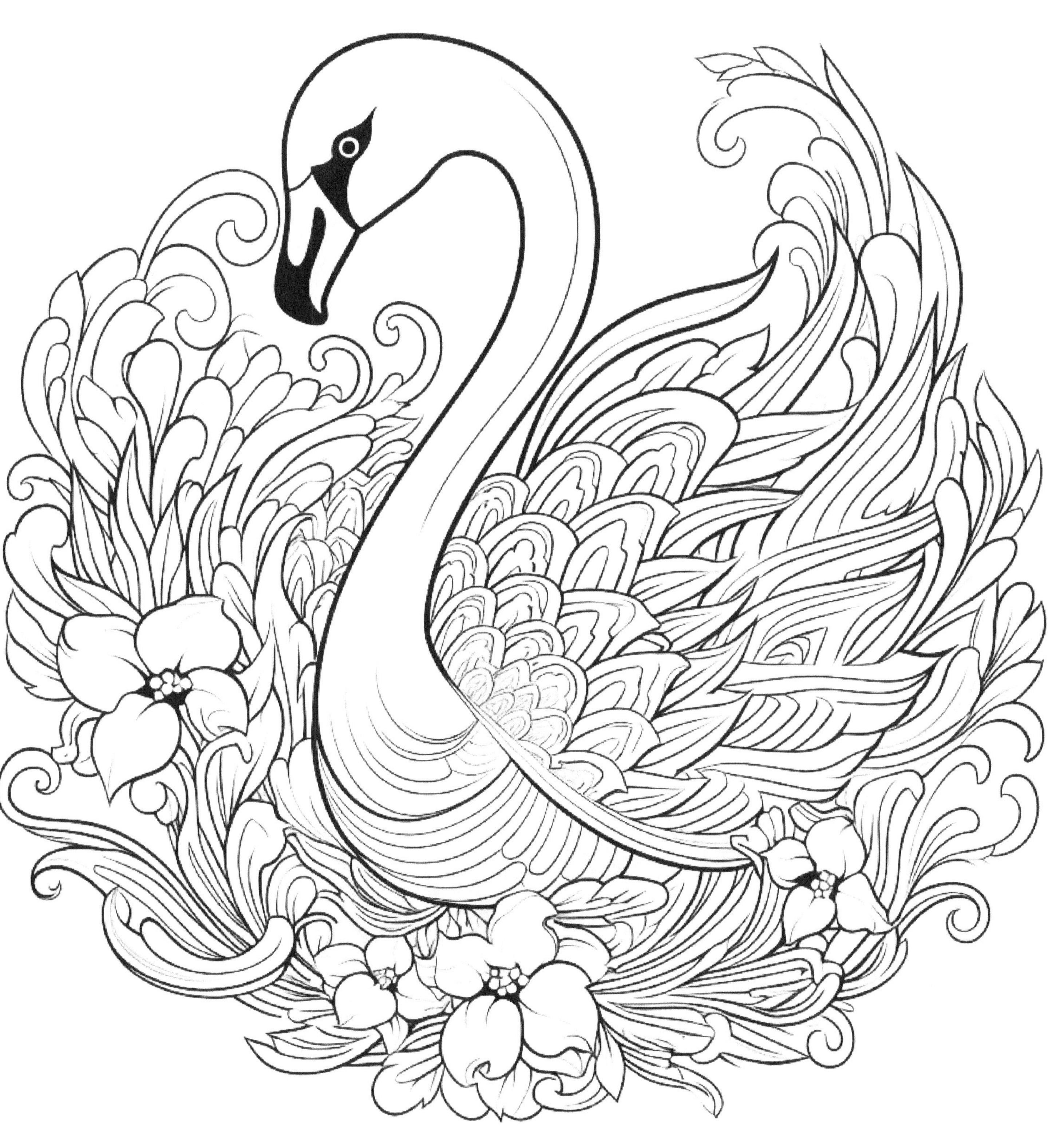

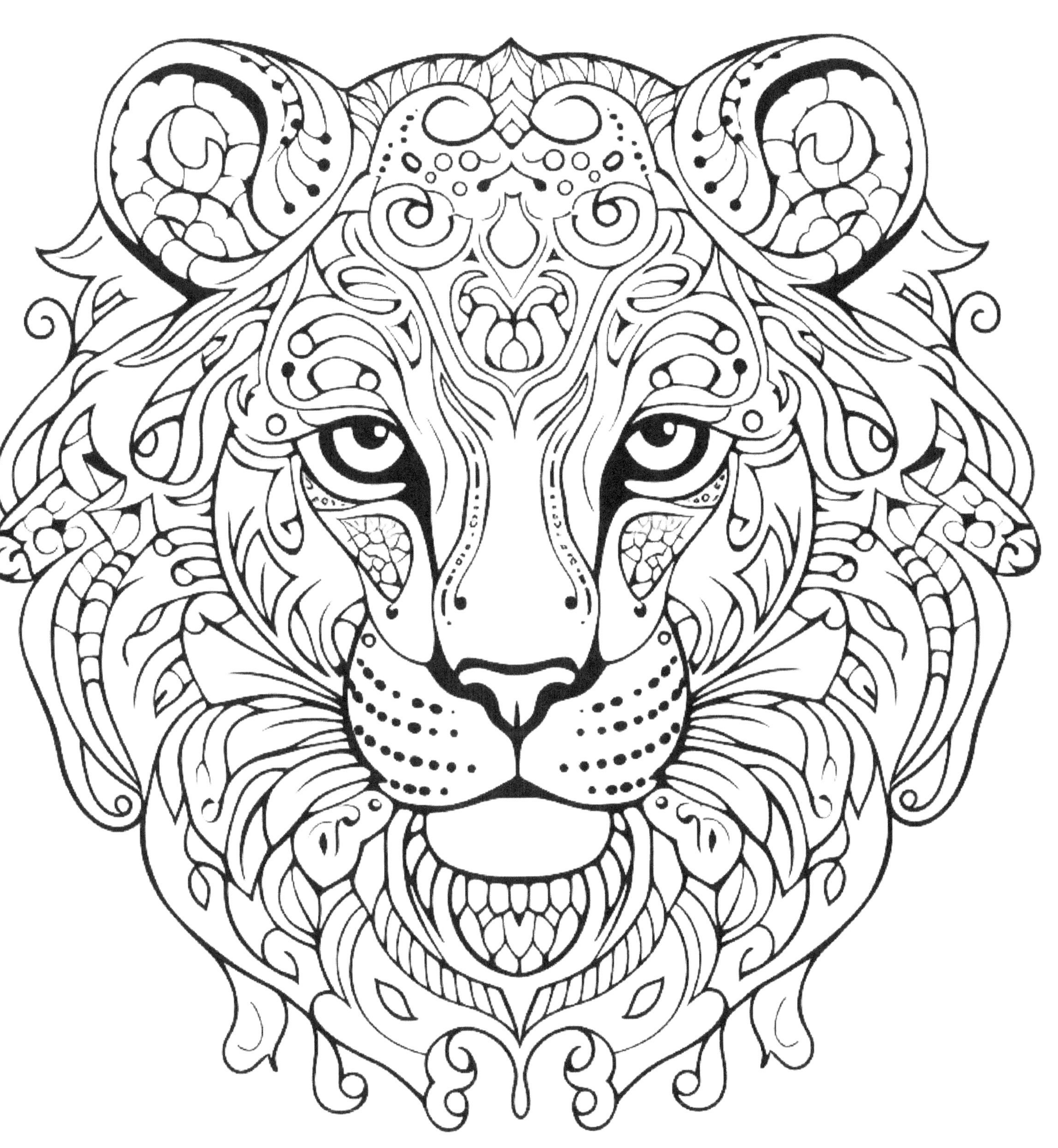

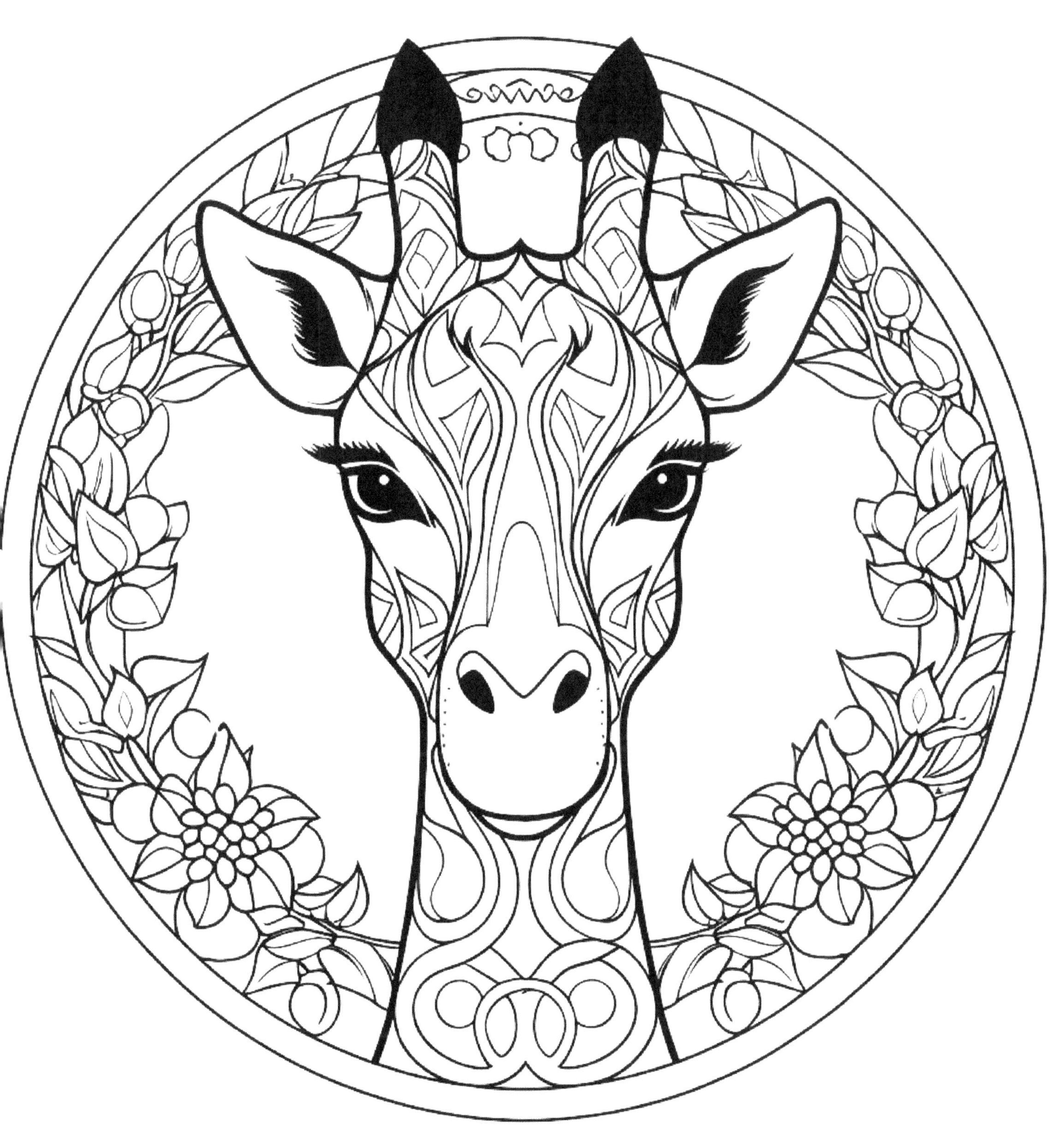

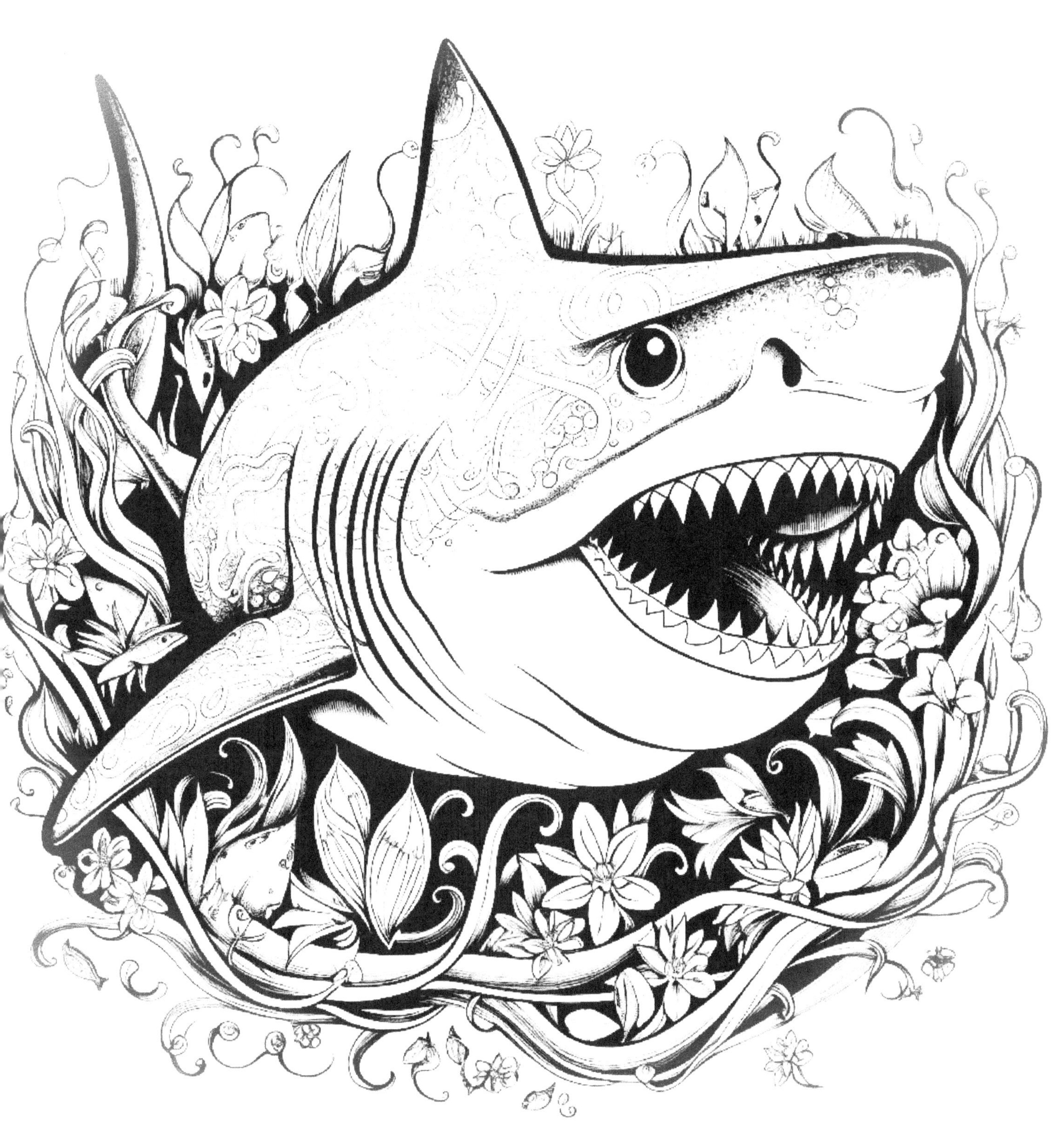

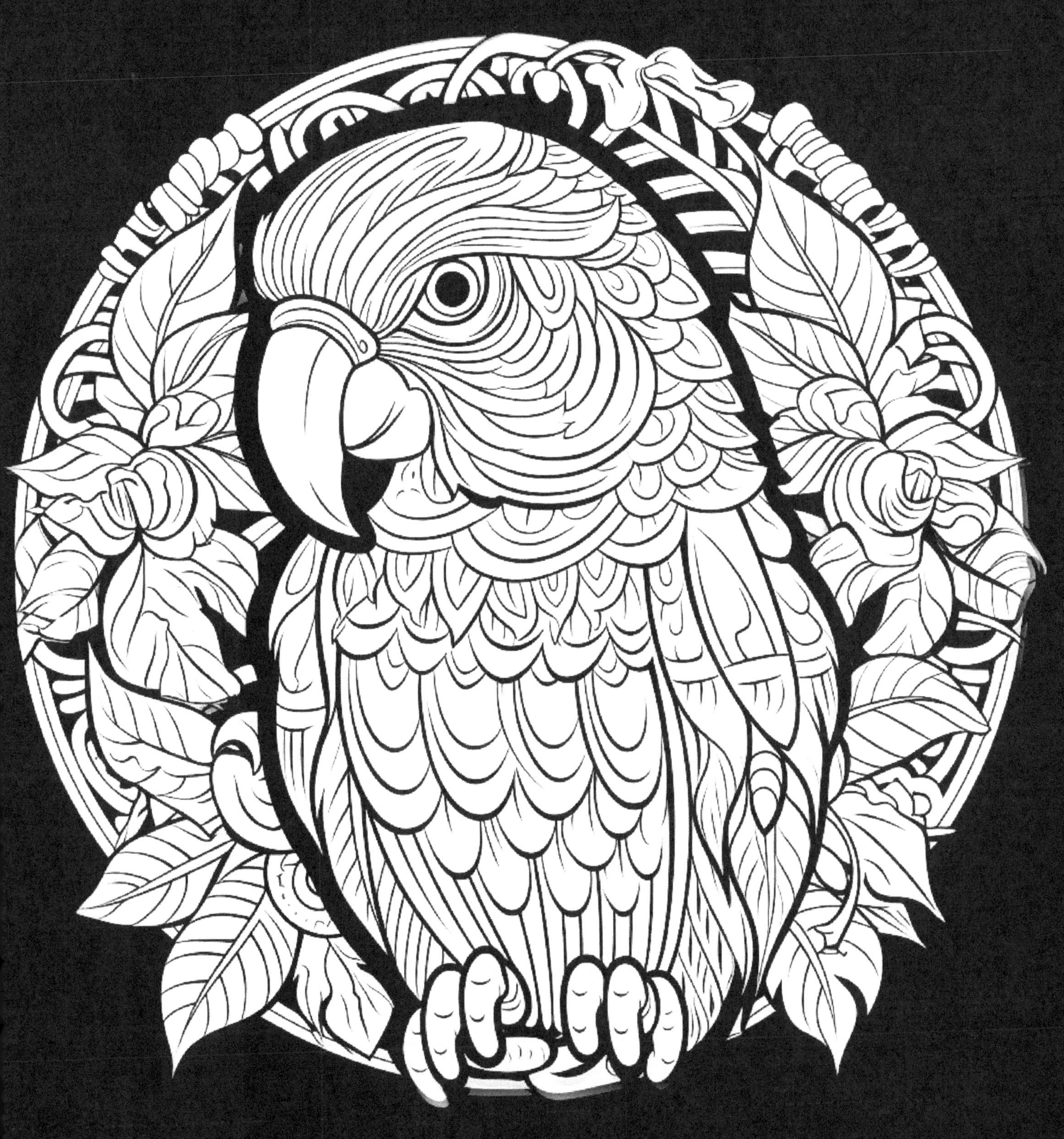

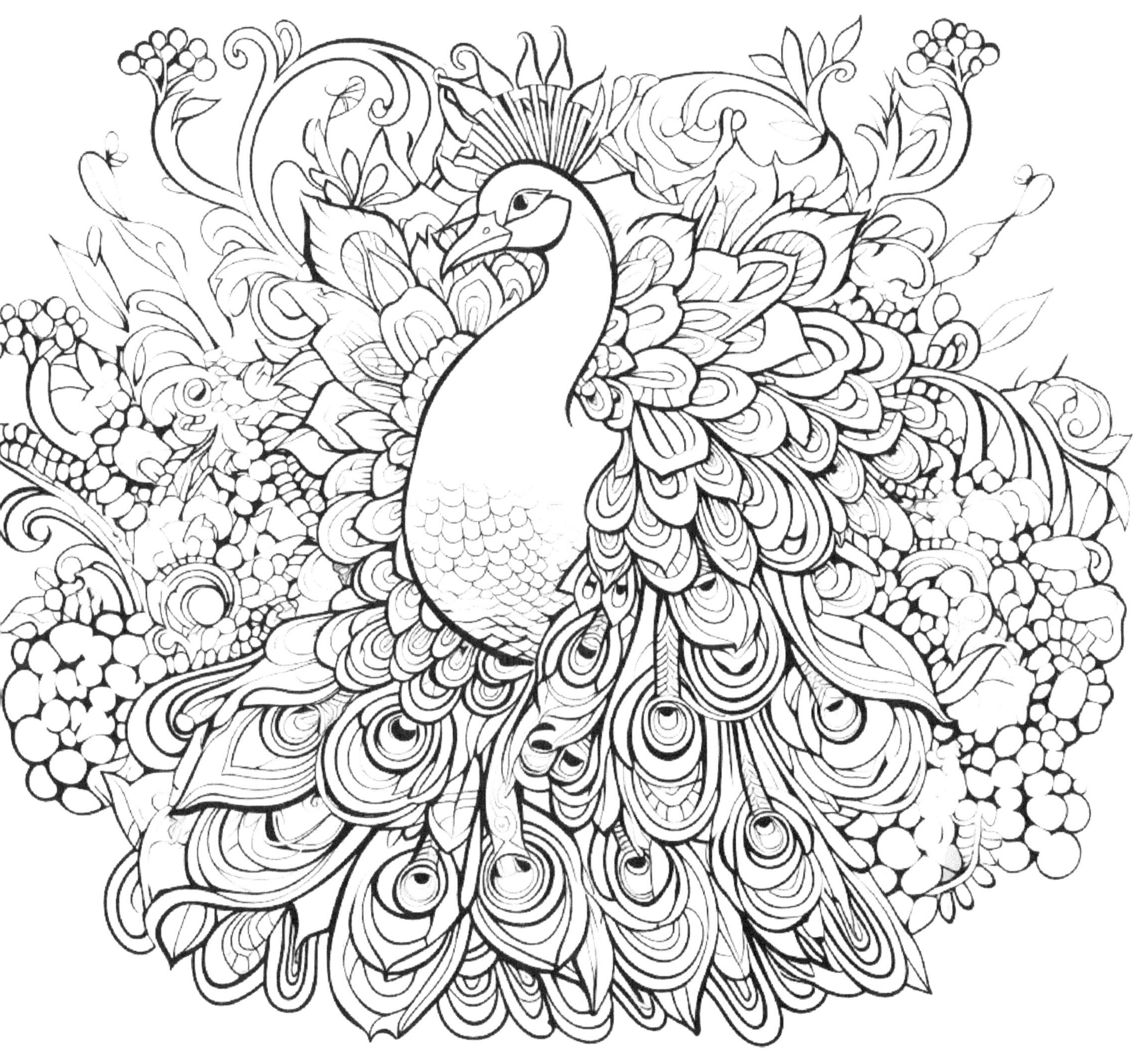

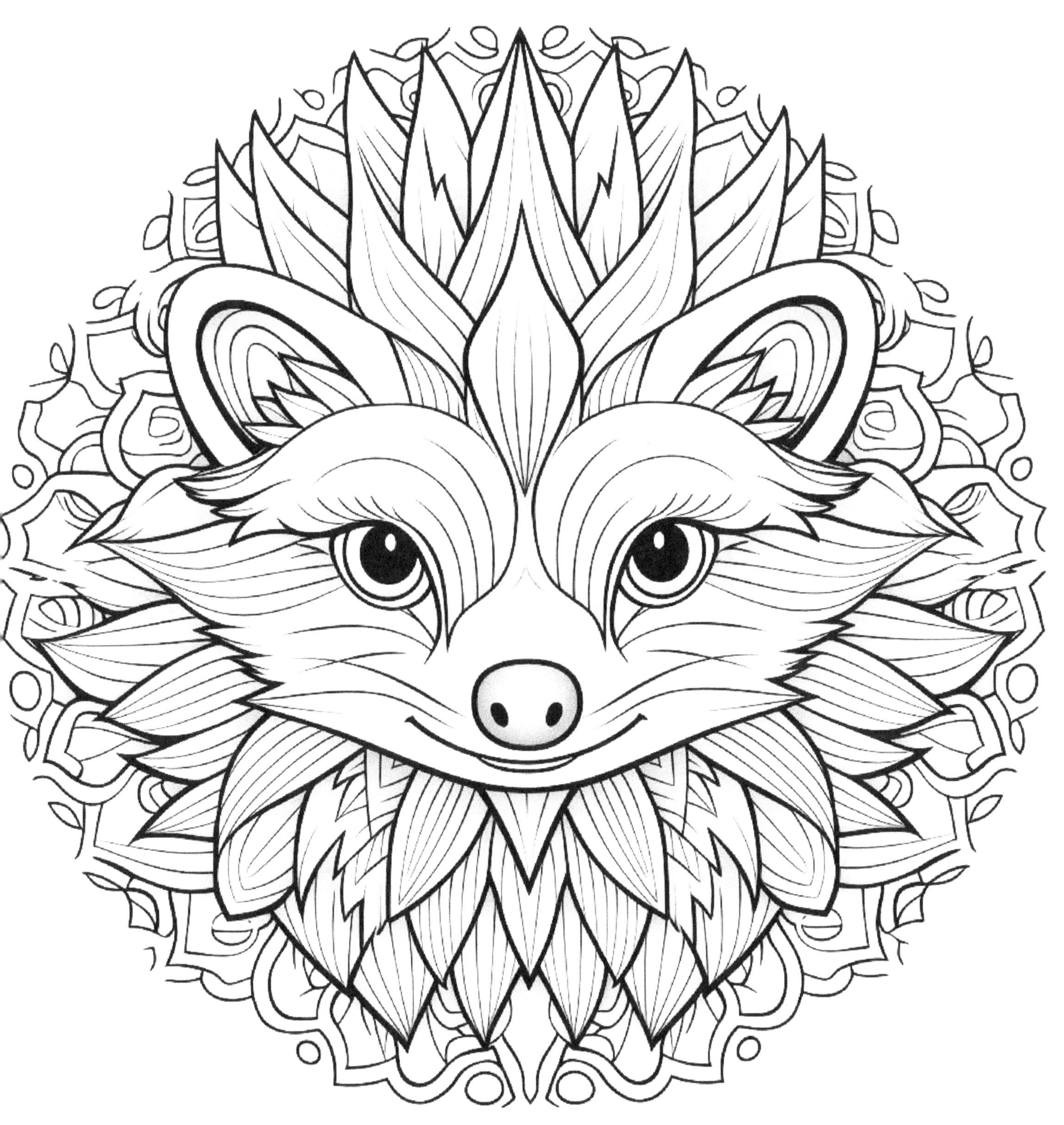

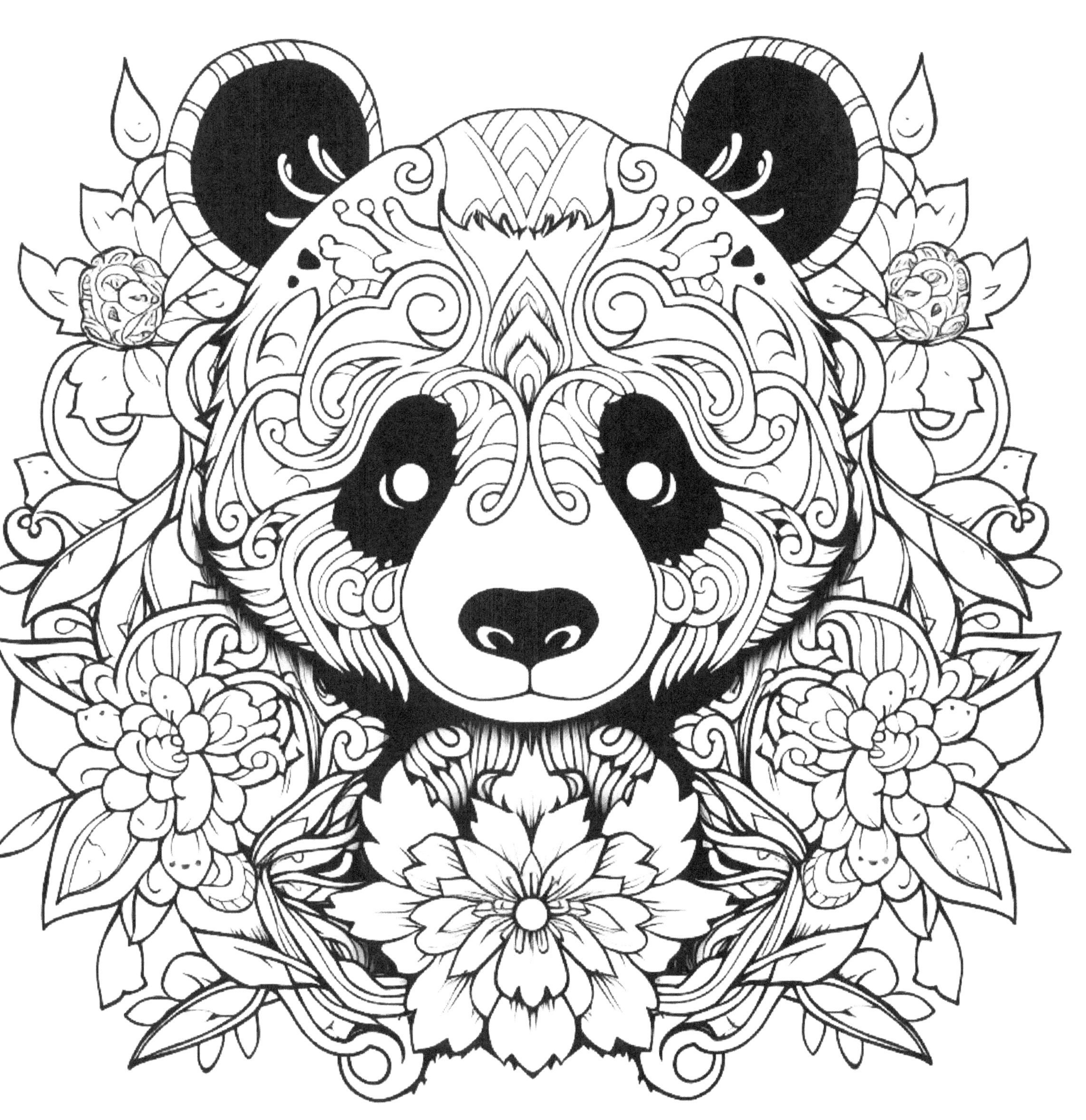

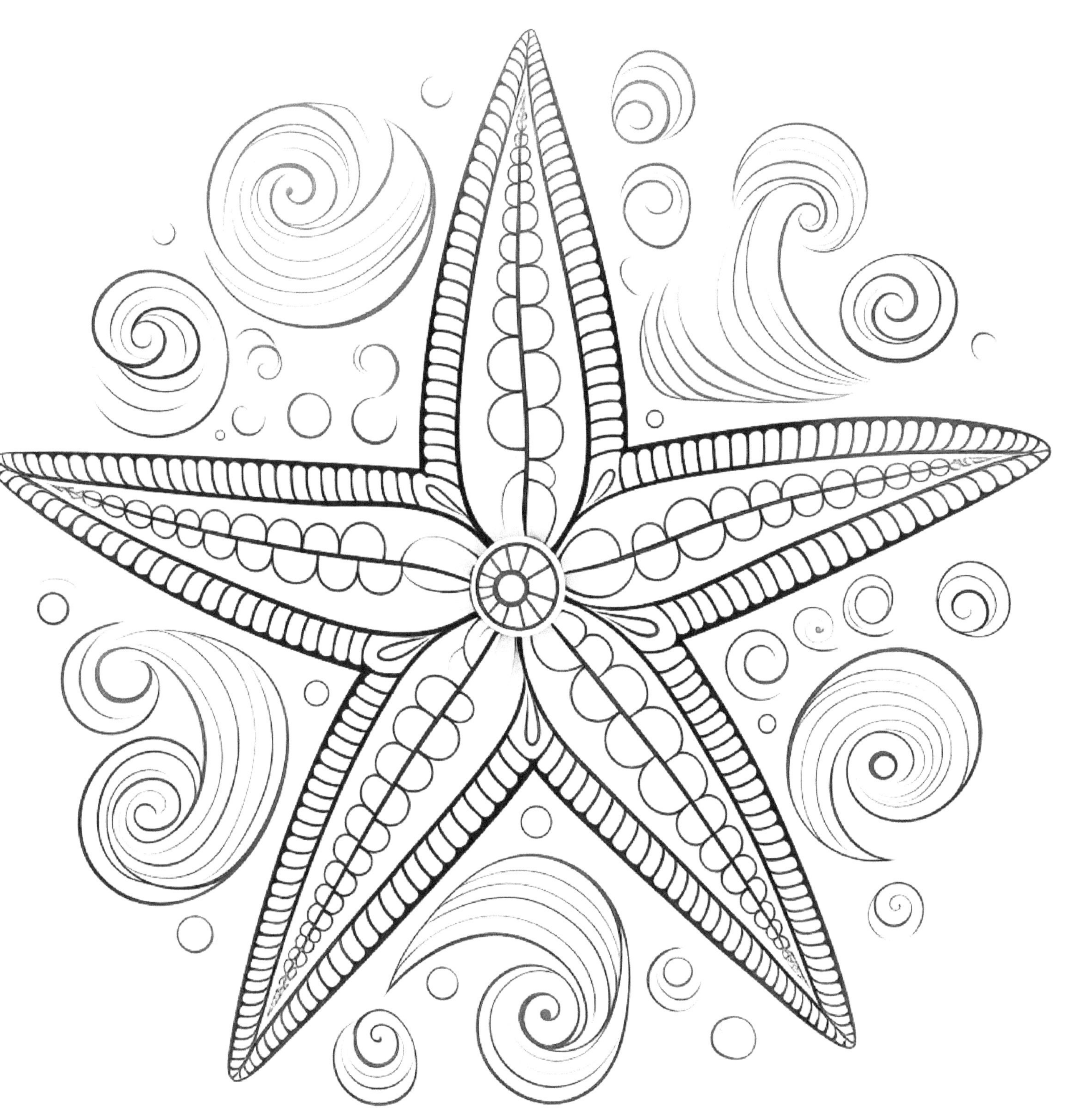

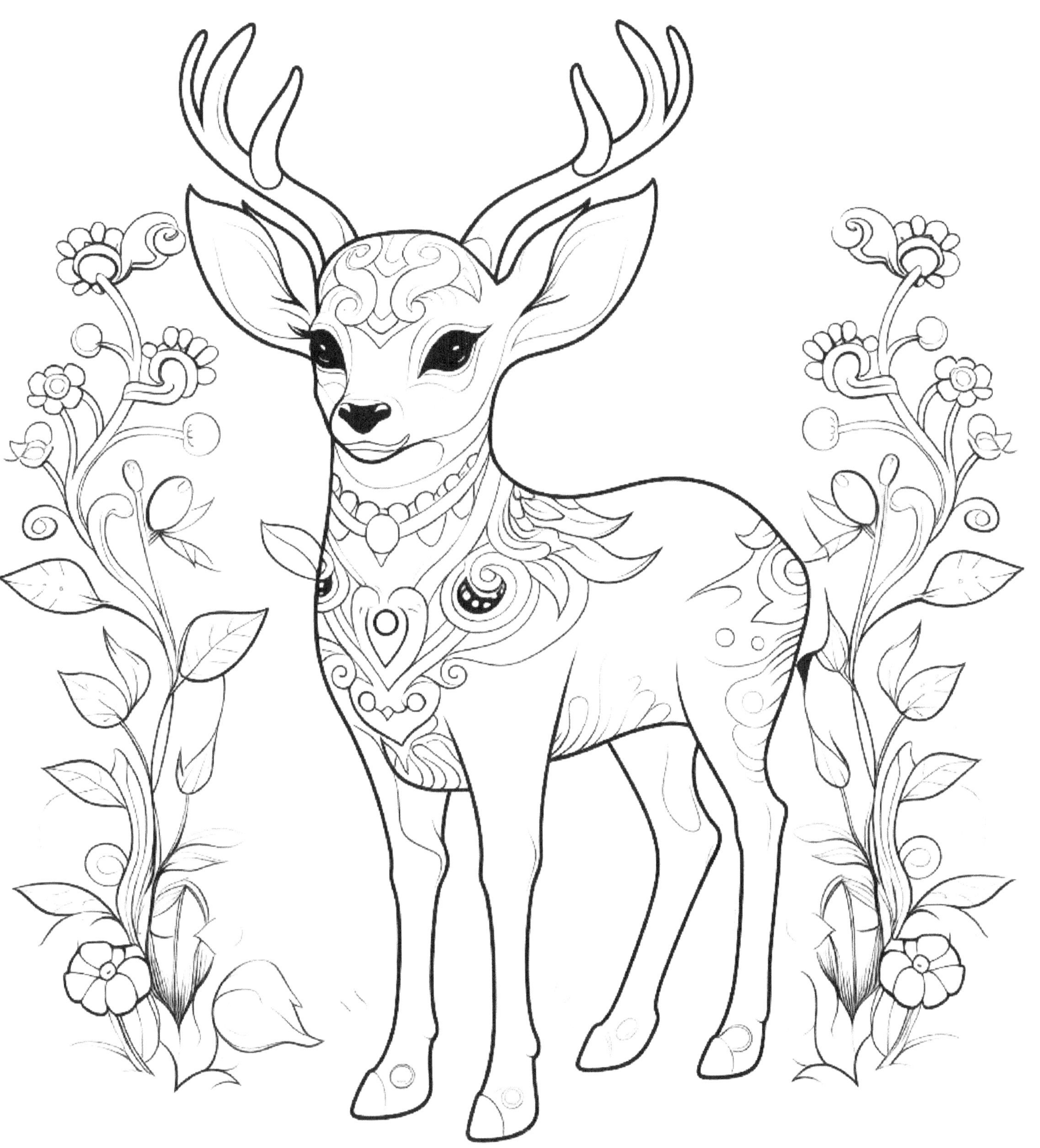

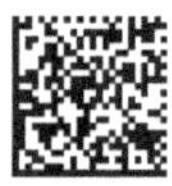